AI 시대의 생존전략, 수행

존엄한 삶의 도리 추구와 건강혁명

서동석 지음

에머슨하우스
교육연구소

우리는 깨달음의 장구한 인연으로
세상에서 만났습니다. 밝은 도리
의 세상으로 함께 나아가길 기원
합니다.

일러두기

이 책의 제1부와 제2부는 필자가 2024년 2월부터 2026년 1월까지 《주간불교신문》에 매월 기고한 〈AI시대 생활불교수행〉에 관한 칼럼이고, 제3부는 2025년에 부정기적으로 인터넷신문 비즈체크(Bizcheck)에 기고한 수행과 건강에 관한 칼럼입니다. 단행본의 체계에 맞게 편집되는 과정에서, 전체가 큰 폭으로 수정, 보완되었습니다. 여기에 인용된 것은 일반적인 내용으로 출처의 이름만 밝히거나, 저자명과 작품명을 동시에 밝혔습니다. 앞뒤 표지 그림으로 활용된 것은 임경숙 화가의 작품으로, 그분의 허락을 받아 사용했습니다.

목차

AI 시대, 인간다움을 지키는 가장 근본적인 길을 묻다

조성택

마인드랩 이사장

인류는 지금 문명사적 전환점 한가운데에 서 있다. 인공지능이 사고하고, 판단하고, 창조하는 시대에 우리는 더 빠르고 더 편리한 삶을 손에 넣었다. 그러나 동시에 우리는 점점 더 깊은 질문 앞에 놓이고 있다. 과연 이 기술의 진보는 우리를 더 인간답게 만드는가. 아니면 인간성을 잠식하는 방향으로 나아가고 있는가. 서동석 박사의 《AI 시대의 생존전략, 수행》은 바로 이 근본적인 질문에서 출발하는 책이다.

이 책은 단순히 기술문명의 위험성을 경고하는 데 머무르지 않는다. 저자는 AI 시대의 위기를 "문명의 문제" 이전에 "인간의 문제"로 바라본다. 문제의 핵심은 기술이 아니라, 기술을 사용하는 인간의 의식 상태에 있다는 것이다. 인간의 내면이 황폐해진 상태에서 아무리 정교한 기술을 발전시켜도, 그것은 결국 새로운 위기를 낳을 뿐이다. 이 점에서 이 책은 오늘날 전 세계적으로 확산되고 있는 SBNR, 즉 '제도종교를 넘어선 영성적 탐구'의 흐름과 깊이 공명한다.

오늘날 많은 사람들은 종교를 떠나고 있다. 그러나 영성을 떠난 것은 아니다. 제도화된 교리와 권위에는 거리감을 느끼지만, 삶의 의미와 내적 성숙에 대한 갈망은 오히려 더 깊어지고 있다. 《AI 시대의 생존전략, 수행》은 바로 이 시대적 흐름에 응답하는 책이다. 불교를 중심에 두고 있지만, 특정 종교의 울타리에 독자를 가두지 않는다. 저자가 강조하는 '보편적 수행', '생활수행'은 누구나 자신의 삶 속에서 실천할 수 있는 인간 성장의 길이다.

이 책의 가장 큰 미덕은 수행을 초월적 신비나 종교적 특권으로 만들지 않는 데 있다. 수행은 산중에서만 가능한 특별한 행위가 아니라, 일상의 삶 속에서 몸과 마음을 조율하고 균형을 회복하는 실천이다. 저자는 팔정도, 사성제, 삼십칠조도품과 같은 불교의 핵심 가르침을 현대인의 언어로 풀어내며, 그것이 어떻게 일상과 연결되는지를 설득력 있게 보여준다. 이는 종교적 신념이 없는 독자에게도 충분히 열려 있는 영성의 언어이다.

특히 이 책은 '수행을 통한 존엄성 회복'이라는 주제를 일관되게 밀고 나간다. AI 시대의 가장 큰 위기는 인간이 스스로를 '대체 가능한 존재'로 인식하기 시작한다는 데 있다. 알고리즘과 데이터 앞에서 인간의 판단과 감정은 점점 부차적인 것이 된다. 이러한 환경 속에서 인간은 쉽게 무력감과 소외를 경험한다. 저자는 수행이 바로 이 위기를 넘어서는 근본적 해법임을 강조한다. 수행은 인간을 다시 자기 삶의 주체로 세우는 과정이며, 자신의 내면과 세계를 능동적으로 해석하는 힘을 회복시키는 길이다.

이 책이 특별한 또 하나의 이유는, 수행을 개인적 치유에만 국한하지 않는다는 점이다. 저자는 수행을 사회적·문명적 차원으로 확장한다. 수행문화는 개인의 마음을 안정시키는 것을 넘어, 생태적 균형, 사회적 갈등 완화, 교육 혁신, 지역 공동체 회복까지 연결된다. 이는 현대 영성이 개인주의적 힐링에 머무르는 한계를 넘어, 공동체적 책임과 윤리로 나아가야 함을 보여준다. 이러한 시각은 SBNR 담론이 지향해야 할 성숙한 방향이기도 하다.

제1부에서 저자는 종교의 본질 회복과 수행문화 혁신을 논한다. 여기서 종교는 제도가 아니라, 인간을 깨우는 살아 있는 정신이다. 형식과 권위에 가려진 진리를 걷어내고, 모든 전통이 공유하는 중도와 균형의 정신을 복원하려는 저자의 시도는 매우 인상적이다. 이는 종교 간 대립과 배타성을 넘어서는 보편영성의 토대를 제공한다.

제2부에서는 수행의 원리와 방법이 체계적으로 제시된다. 계·정·혜의 구조, 지관 수행, 마음집중의 원리 등은 단순한 이론 설명을 넘어 실제 삶에서 적용할 수 있도록 구성되어 있다. 특히 "명상에 머물지 말고 삶에서 도리를 구하라"는 메시지는, 수행을 취미나 자기관리 도구로 소비하는 현대인의 태도를 성찰하게 만든다.

제3부의 '건강혁명'은 이 책의 또 다른 강점이다. 저자는 몸과 마음, 영성을 분리하지 않는다. 수행은 곧 삶의 질을 높이는 실천이며, 진정한 건강은 육체적 수명 연장이 아니라 삶의 통합적 균형에 있다는 점을 강조한다. 이는 웰빙과 웰니스가 산업화된 오늘날, 건강의 의미를 다시 묻는 중요한 문제제기다.

서동석 박사는 에머슨을 매개로 동서양 사상을 연결하고, 중도·중용·황금률이라는 보편윤리를 중심축으로 삼고 여러 권의 책을 저술해왔다. 그의 책들은 수행을 특정 문화권의 유산이 아니라, 인류 보편의 지혜로 재해석하는 작업이다.

그의 책을 읽으며 인상 깊었던 점은 저자의 태도이다. 그는 결코 독자에게 어떤 신념을 강요하지 않는다. 대신 끊임없이 질문을 던진다. 우리는 어떻게 살아야 하는가. 기술과 함께 진화하면서도 인간다움을 잃지 않을 수 있는가. 개인의 성찰과 사회적 책임은 어떻게 연결되는가. 이 질문들은 독자로 하여금 스스로의 삶을 돌아보게 만든다. 이것이야말로 진정한 영성서의 조건일 것이다.

《AI 시대의 생존전략, 수행》은 종교서도, 자기계발서도, 단순한 미래 예측서도 아니다. 이 책은 문명 전환기의 인간을 위한 '존엄한 삶의 안내서'이다. 신앙 여부와 상관없이, 삶의 의미를 고민하는 모든 이에게 열려 있는 성찰의 지도이다. 특히 제도종교의 언어에 피로감을 느끼지만, 깊은 영적 성장을 갈망하는 현대인들에게 이 책은 귀중한 길잡이가 될 것이다.

AI가 인간의 능력을 빠르게 대체해가는 시대에, 우리가 지켜야 할 마지막 영역은 바로 '의식의 자유'와 '내면의 성숙'이다. 서동석 박사의 이 책은 그 영역을 지키기 위한 진지하고 성실한 시도 중 하나이다. 기술이 인간을 넘어서는 시대일수록, 인간은 더욱 인간다워야 한다. 그리고 그 길은 결국 수행, 즉 깨어 있는 삶으로 이어진다.

이 책이 더 많은 독자들에게 읽히고, 각자의 삶 속에서 작은 변화의 씨앗이 되기를 기대한다. AI 시대를 살아가는 우리 모두에게, 이 책은 깊은 사유와 실천을 동시에 요구하는 소중한 동반자가 될 것이다.

2026년 1월 27일
마인드랩 이사장
조성택

AI 시대의 보편적 생활수행

현재 문명의 흐름은 인공지능(AI)이 주도하고 있다.

AI가 세상 사람들을 처음으로 놀라게 한 일은 문명사적 대결이라고 불릴 수 있는 프로기사 이세돌과 인공지능 바둑프로그램 알파고 사이의 게임이었다. AI는 스스로 학습하는 딥러닝(Deep Learning) 기술을 탑재하고, 물질문명의 핵심역량에서 인간을 압도하기 시작했다.

현재 AI는 일상의 모든 영역에 적용되고 있다.

예를 들어, 휴대전화기의 AI 기술 탑재는 일상의 삶과 업무의 방식을 획기적으로 전환하는 시발점이 될 수 있다. 전 세계의 기업들이 앞다투어 AI를 활용한 새로운 기술을 선보이고 있다. 앞으로 사물인터넷의 보편적인 상용화도 멀지 않았다. AI는 우리의 삶을 편리하게 만들 수 있지만, 반대로 인간의 모든 삶을 통제할 수도 있다.

AI는 현재 우리가 상상할 수 없는 수준으로 모든 물질문명을 하나로 융합하고 있다. 그러나 AI가 만들어내는 물질 중심의 융합창의력은 인간의 정신을 황폐하게 만들 수도 있다. AI가 인간의 역할을 대신함으로써 인간의 정신은 역으로 퇴화하고 있다. 예전에는 웬만한 정보는 기억하고 스스로 활용할 수 있었지만, 지금은 인터넷의 정보서비스를 이용하지 않으면 생활이 제대로 되지 않을 정도가 되었다.

문제는 정보를 받아들이는 방식에 있다.

하나의 사례로, 사람들은 종합적인 내용을 담고 있는 종이책을 읽지 않고, 단편적이고 자극적인 시청각 자료에 점점 의존하고 있다. 디지털화된 정보습득 방식으로 인해 AI의 발전과 반대로 인간의 뇌는 점점 퇴화하는 역설적인 상황이 벌어지고 있다.

가장 우려되는 결과는 인간의 의식이 균형감각을 상실하고 감정과 이성이 극단으로 치닫게 될 가능성이다. 균형의식의 상실로 인해 발생하는 엄중한 문제는 인간의 존엄성 상실이다. 우리가 서양 중심의 물질교육에 치중함으로써, 인간의 존엄성에 기반을 둔 동양의 정신문화를 망각했다.

AI의 융합기술은 융합문명사회를 초래하고 있다.

그러나 정신문화가 무너진 상태에서 AI가 극한으로 발전하면, 인류사회가 위험하게 된다. 물질적 융합이 초래할 수 있는 폭발적인 위험성을 생명의 도리에 맞게 제어할 수 없기 때문이다. 우리가 조화롭고 인간답게 살기 위해서는 균형의식을 깨워야 한다.

이 점에서, 묘하게도 AI는 수행의 필요성을 환기하고 있다.

우리의 무의식을 깨우는 수행을 통해 물질과 정신을 조화롭게 융합시키는 초(超)융합창의력을 발휘할 때, 물질 중심적 융합창의력의 피해와 한계를 극복할 수 있다. 우리는 그동안 서양의 물질문명을 따라가는 데 바빴기 때문에, 우리에게 내재한 직관의 정신을 잊고 있었다.

물질적 정보와 개념의 융합에서는 인간은 AI를 따라잡을 수 없다. 물질문명의 발전에 상응하는 인간의 정신문명이 상승 전환하지 않으면, 인간은 AI의 노예가 될 수밖에 없다는 불길한 예측이 미래학자와 인공지능개발자 사이에 나오고 있다.

인공지능의 피해를 막을 대책과 보편윤리의식이 연구되고 있지만, 아직 명확한 해결책은 나오지 않고 있다. 나는 묘한 인연으로 수행(修行)을 연구하면서, 수행이 앞으로 미래사회의 여러 문제를 해결할 수 있는 가장 본질적인 해법이 될 수 있다는 점을 직감했다. 물질문명과 정신문화의 궁극적 융합에 이르는 능력은 일체에 걸림이 없는 상태를 지향하는 수행으로 함양할 수 있다.

내가 융합의 정신을 접하게 된 인연의 중심 고리는 에머슨(Ralph Waldo Emerson)이다.

에머슨은 19세기에 미국의 정신을 확립한 사람이고, 우리에게 잘 알려진 소로우(Henry David Thoreau)의 정신적 스승이 되는 인물이다. 나는 에머슨을 연구하면서, 에머슨이 동서양의 종교사상을 하나로 연결한 사실에 많은 감응을 받았다.

본격적으로 수행을 연구하면서, 에머슨이 추구한 정신이 공자, 노자, 석가, 예수, 그리고 나아가 우리의 민족사상인 단군의 중심 사상과 다르지 않다는 것을 깨닫고 크게 감명을 받았다. 그 핵심은 바로 중도, 중용, 황금률이라고 하는 균형과 조화의 정신이다.

중도의 정신은 표현만 다를 뿐 모든 성인의 공통 정신이다.

성인들의 말씀을 서로 비교하면, 중도의 구체적인 실상은 드러난다. 중도의 정신으로 우리는 깨달음의 세계로 나아갈 수 있다. 특히 석가의 가르침은 인간의 무명(無明)을 깨워 지혜의 광명(光明)을 회복하는 수행방법을 명확히 제시하고 있다.

이 책은 수행의 바른 기준을 제시하기 위해 기획되었다.

수행법에 관한 이론과 방법은 무수히 많다. 수많은 수행법은 수행의 폭과 깊이를 심화하기도 하지만, 반대로 잘못된 길로 안내하기도 한다. 이 책은 일상의 삶을 사는 수행자에게 수행의 필요성과 더불어 생활수행의 가장 핵심적인 기본 원리와 방법을 제시하고 있다.

AI 시대를 대비한 보편적 수행의 원리와 방법이 도출되기를 바란다.

이 책은 생활불교 차원의 수행을 중심으로 얘기하고 있지만, 사실 수행은 유불도(儒佛道)가 공통으로 중시하는 핵심가치다. 단지 종교마다 표현하는 바가 다를 뿐이다. 나는 수행을 연구하는 과정에서, 예수도 진리의 수행자였다는 사실을 확인한 바 있다. 또한, 우리 민족의 현묘지도(玄妙之道)인 풍류도(風流道)에서 유불도와 기독교를 통합하는 이치도 알 수 있었다.

앞으로 AI 시대가 본격화되면, 모든 종교가 수행의 종교로 환골탈태할 수밖에 없다. 신문명시대 종교는 진리로 하나가 될 것이다. 진리를 추구하는 수행의 정신이 없고, 독선적인 표현과 믿음만을 강조하는 종교는 AI 시대에 살아남기 힘들다.

다행히 석가의 가르침에는 모든 종교를 통섭하고 융합하는 핵심 내용이 들어있다. 불교의 수행을 통섭의 기준으로 삼은 것은 불교의 개방성과 보편성에 있다. 석가는 종교의 벽을 가장 분명하게 허물었다. 종교의 형식에 가려진 진리의 본질이 드러날 때만이 진정한 정신문화의 융합이 가능하다.

형식에 가려진 종교의 본질을 제시할 때, 우리 사회뿐만 아니라 인류사회가 직면한 문제들을 해결할 수 있다. 모든 성인은 공통으로 진리를 통해 대자유를 지향했다. 앞으로 불자뿐만 아니라 모든 사람이 진리로 회통(會通)을 하는 시대가 멀지 않았다.

건강한 삶은 사회를 소통하는 핵심 요건이다.

건강은 또한 수행의 핵심 요소이기도 하다. 대동사회, 화엄세계, 지상천국 등 표현은 다르지만, 모든 종교는 결국 모든 생명이 조화롭게 사는 세계를 지향하고 있다. 인류사회는 생태적 소통이 가능할 때, AI의 위험에서 벗어날 수 있다.

이 책의 서술은 석가의 설법 방식을 따르고 있다.

석가는 반복을 통해 무명을 각성시키고, 진리에 이르는 방법을 각인시켰다. 이 책도 수행의 몇 가지 핵심과 관련 내용을 중첩해서 다양한 시각으로 설명함으로써, 수행의 바른 도리를 깨닫게 하는 데 중점을 두고 있다.

바른 도리의 정점에는 석가가 제시한 팔정도가 있다. 팔정도의 도리는 다른 종교 체계에서도 다양하게 적용할 수 있는 생활의 기본 도리이기도 하다. 팔정도의 바른 도리를 통해 우리 모두 함께 진리에 이르기를 소망한다. 또한, 이 책이 진리로 가는 여정에서 바른 안내 표지판의 역할을 할 수 있기를 기원한다.

2026년 2월
구기동 연구소에서
서동석

제1부

진리의 보편성 추구와
수행도량의 혁신

제1부. 진리의 보편성 추구와 수행도량의 혁신

수행은 머릿속으로 하는 공염불이 아니다.

삶이 변하지 않는 수행은 아무 의미가 없다. 인공지능 시대에 살아남는 길은 삶 자체의 혁신에 있다. 그 핵심은 정신이다. 석가모니가 오래전에 이미 밝힌 마음의 길을 따라가면, 광명의 진리 세계에 이를 수 있다는 사실에 감사할 뿐이다.

석가모니를 기복의 수단으로 믿는 것은 반쪽짜리 믿음이다.

진정한 믿음은 진리에 이르는 말씀을 믿고, 실천하는 일이다. 우리 사회에 종교적 갈등이 많은 것은 종교의 본질을 가리는 형식에 있다. 종교(宗敎)는 으뜸의 가르침이다. 으뜸의 가르침은 위 없는 진리로서 평등하다.

우리는 앞으로 믿음의 형식을 넘어 진리의 본질로 서로 통섭하는 시대에 살게 될 것이다. AI가 그 시대를 앞당기고 있다는 사실이 묘할 뿐이다. 위 없이 평등한 진리로 인류사회가 소통하기를 희망한다.

신앙의 관점이 아닌, 보편적인 진리의 입장에서 종교를 바라보자.

신앙과 진리는 궁극에서는 떨어질 수 없지만, 현상의 세계에선 신앙이 진리의 본질을 가리는 경우는 너무 많다. 현상의 차이가 인식의 차이를 불러오기 때문이다. 따라서 현상과 진리 사이에 존재하는 모순을 소통하는 데는 보편적 도리가 필요하다.

이 점에서, 종교의 본질을 회복하고 수행도량의 대혁신이 필요하다.

제1부에서 특별히 불교의 관점에서 수행도량의 혁신을 강조하고 여러 대안을 제시하고 있다. AI로 인해 종교의 도그마가 무너지고 있으므로, 일대 혁신은 모든 종교에 해당하는 문제다. 종교의 형식과 표현이 지닌 한계를 해방하는 대자유의 정신이 있는 불교의 혁신을 모델로 삼아, 다른 종교도 보편적 도리로 소통하는 계기가 되길 소망한다.

01. 종교의 본질을 회복하자

진리에는 경계가 없다.

경계가 없는 진리의 세계에서는 모든 것이 자유롭고 평등하다. 불교의 이상세계인 화엄(華嚴)의 세계는 진선미(眞善美)가 하나로 융화된 진리의 세계다. 자유로움 속에 모든 존재가 생명의 도리에 맞게 움직이므로 갈등이 없다. 생명의 다채로움이 오히려 진리의 아름다움과 선함을 온전하게 한다.

하지만 인간 세상에는 수많은 경계가 있고, 제약이 있다.

따라서 경계를 넘어가는 변화의 단계마다 고통스럽다. 특히 지금의 세상은 문명의 대전환이 빠르게 진행되고 있으므로, 변화에 적응하기 매우 힘들다. 이 때문에 더욱 고통스럽다. 현재 지구촌에는 변화의 고통으로 인한 온갖 갈등과 마찰이 인류의 생존을 위협하고 있다.

우리 사회에서도 예외는 아니다.

세계 곳곳에서 갈등과 마찰이 임계점을 넘어 참혹한 전쟁이 벌어지고 있다. 이러한 현상을 피상적으로 보면 나라, 인종, 민족 간의 종교, 정치, 문화, 경제, 이념 등의 충돌에서 주요 원인을 찾을 수 있다. 그러나 문제의 근원을 보면, 세상 사람들이 진리의 본질을 망각하고 현상에 집착하는 데서 벌어지고 있는 현상이다.

우리는 그동안 진리와 현상을 혼동하고 살아왔다.

그 원인은 진리와 현상을 바르게 인식하지 못한 데 있다. 진리와 현상은 불이(不二), 즉 둘이 아니다. 둘이 아니므로, 현상 속에서 진리를 엿볼 수 있다. 그러나 묘하게도 진리와 현상은 불일(不一), 즉 하나도 아니다. 이 때문에 진리와 현상이 작용하는 방식은 엄연히 다르다.

진리와 현상의 양면성을 이해할 필요가 있다.

둘도 아니고 하나도 아닌, 진리와 현상의 모순된 관계가 세상을 움직이고 있다. 서양의 이분법적인 세계관으로는 이해하기 힘든 역설적 관계다. 물질적 인식론에서 보면, 성립이 안 되는 명제다. 그러나 화엄의 세계에서는 모순이 하나로 융화되면서도, 동시에 개체의 다양성이 생동한다.

AI는 모든 물질적 세계관을 빠르게 연결하고 있다.

연결의 극점에 이르면, 새로운 융합이 일어날 것이다. 물질적 융합의 중심에는 모든 물질을 하나로 용해하는 원초적 정신이 있다. 그러나 그 정신은 관념화된, 즉 물질화된 정신이 아니다. 그 정신은 관념화시킬 수 없는 것으로, 석가모니가 불성(佛性)이라고 한 그 어떤 것이다. 쉽게 영성(靈性)이라고 표현해도 무방하다.

표현의 감옥에 갇힐 필요는 없다.

유불도가 공통으로 지칭하는 방식으로 말하면 도(道)의 본성(本性)이라고 할 수 있다. 서양적 인식체계로는 이해할 수 없고, 따라서 형용할 수 없는 것이다. 노자가 "도를 도라고 하면 영원히 변함없는 도가 아니다."라고 한 이유가 여기에 있다.

서양식 교육에 익숙해진 우리도 이제는 진리의 도를 이해하기 힘든 상황에 이르렀다.

그 원인은 우리가 개별적 모순을 포용하고 전체를 아우르는 고대 동양의 정신을 망각했기 때문이다. 지나치게 이분법적인 서양적 인식론에 익숙해진 우리는 서로를 분별하고 차별화된 개성을 강조한 나머지, 그 다른 한 면인 전체를 아우르는 융합의 정신은 사라졌다.

한때 화제가 됐던 손흥민과 이강인의 갈등을 보면, 그 차이를 명확히 볼 수 있다. 손흥민 선수는 아버지 손정웅 감독의 동양적 교육을 잘 받고 자랐다. 그래서 그는 자신의 개성도 분명하게 표현하면서

도, 겸양과 융합의 정신이 뛰어나다. 그는 경기 안과 밖에서 사람들과 소통하는 방법을 잘 알고 있다.

반면 이강인은 철저하게 서양식 교육과 훈련을 받고 자란 선수의 모습을 보여주고 있다. 자신의 개성을 다른 사람들과 조화로운 관계속에서 녹여내는 융합력이 상대적으로 약하다. 이러한 태도를 개인의 잘못으로 매도하기보다는, 우리 교육의 문제점을 돌아보는 기회로 삼아야겠다.

두 선수의 갈등은 사회가 지닌 구조적 모순의 결과이자, 서양식 교육에 물든 우리들의 자화상이라고 보는 것이 타당하다.

나 혼자만 잘살면 된다는 개인 중심적인 의식이 지나치게 두드러지면, 다른 사람들과 조화를 이루는 데 인색해질 수밖에 없다. 모든 사람이 자기의 입장을 먼저 내세우다 보면, 서로 마찰이 일어나는 것은 당연한 현상이다.

견해 차이에서 오는 모순을 포용하고 상대방을 배려하고 존중하지못한 태도에서, 우리 사회뿐만 아니라 인류사회의 갈등의 원인을 엿볼 수 있다. 모든 갈등은 이분법적인 투쟁에서 문제를 해결하려는 서양식 인식론에서 비롯되고 있다.

나는 수행을 연구하면서 동서양의 모든 성인(聖人)이 무엇을 내세우기보다는 비우는 자세를 취했다는 사실을 발견했다.

단적인 예로 석가모니는 《금강경》에서 많은 설법에도 불구하고 설한 바 없다고 말씀했다. 물질이든 이론이든 진리를 얻는 수단으로 내세울 뿐이고, 언제든 비울 수 있을 때, 더 큰 것을 얻을 수 있다. 텅 빈 하늘이 모든 생명 존재를 담고 소통하는 이치와 같다.

그러나 성인의 말씀에 근거한 종교가 현재 지나치게 표현과 형식에 치우쳐서 생명소통의 본질을 망각하고 있다. 종교가 본질을 상실하면, 존재의 근거가 사라지게 된다. 인공지능 시대에 종교가 사라질 것이라는 예측은 이런 사실과 무관하지 않다.

표현과 형식에서는 앞으로 인간은 AI를 상대하기 힘들다.

창의적 시각이 중요한 미술 분야에서도 예외가 아니다. 이미 여러 사례에서 입증되고 있다. 대표적인 예로 콜로라도 주립 박람회 미술 대회의 디지털아트 부문에서 제이슨 앨런(Jason M. Allen)이 AI로 제작한 〈스페이스 오페라 극장〉이 1위를 차지한 바가 있다.

그림뿐만 아니라 음악, 문학 등에서도 AI가 인간을 대신하는 일은 지금 많은 영역에서 이루어지고 있다. 단지 시간의 문제일 뿐, 앞으로는 모든 곳에서 일반화될 것이다. 지금처럼 종교가 본질을 망각한다면, 궁극적으로 AI가 종교를 대신할 수도 있다.

인공지능의 시대에 종교가 살길은 표현과 형식을 넘어 성인의 정신을 회복하는 것밖에 없다.

이 점은 인류의 존엄한 생존과도 긴밀히 연관되어 있다. 성인이 제시한 인간의 본성을 회복하지 못하면, 앞으로 인간은 AI의 지시에 따라 피동적으로 살 수밖에 없다. 창의적 생기를 잃은 인간은 노예나 다름이 없다.

현재 인공지능기술을 이용해 가장 큰돈을 버는 사람 중의 한 사람인 일런 머스크(Elon Musk)도 인공지능사회의 위험을 경고하고 있다. 윤리의식이 없는 AI가 단순히 효율 중심으로 작동한다면, 인간이 가장 비효율적인 존재가 되는 상황에 놓일 수 있다.

일런 머스크가 걱정하고 있는 부분은 바로 여기에 있다.

이 때문에 많은 미래학자와 인공지능기술자가 AI에게 부여할 보편윤리의식을 요구하고 있다. 그러나 일런 머스크를 비롯한 이 분야의 전문가들도 AI와 맞서서 인간의 존엄한 역할을 찾는 데 있어서 명확한 답을 내놓지 못하고 있다.

나는 우연한 인연으로 2018년에 이미 인공지능에 부여할 보편윤리의식을 《공자 노자 석가 예수를 관통하는 진리》란 책에 발표한 바 있다. 그 이후 나온 거의 모든 책에서 나는 AI와 상대하기 위해서는 성인의 공통된 정신과 도리로 인간의 의식을 깨우는 방법밖에 없다는 사실을 강조했다.

성인들의 말씀과 정신 속에 이미 AI를 상대할 해답이 있다.

그 답은 종교의 본질과 일치한다. 인류가 앞으로 인간답게 생존하기 위해서는 종교의 본질을 회복해야 한다. 그 본질은 관념적인 정신이 아닌 본원적인 정신에 있다. 성인들은 예외 없이 심성을 중시하고 있다. 특히 석가모니의 말씀 속에 무의식을 깨우는 구체적인 방법이 있다는 사실은 놀랍다.

그렇다면 종교의 본질을 어떻게 회복할 것인가?

우선 각자 자신의 종교가 최고라는 의식을 버려야 한다. 이 분별의식은 경계가 없고 평등한 으뜸의 가르침에 이르는 데 방해가 된다. 깨달음에 이르는 과정에서 가장 힘든 관문이 법(法)에 대한 집착이다. 종교에 대한 지나친 집착이 오히려 종교의 본질을 가리는 역설적인 상황을 맞이하게 한다.

모든 종교를 평등하게 볼 때, 진리의 핵심에 들어갈 수 있다.

나는 초(超)종교적인 입장에서 종교를 바라보고 있다. 불법은 진리를 가리키는 하나의 표현이다. 이렇게 보면, 만법(萬法)이 불법이라는 표현도 가능하다. 불교는 인공지능 시대를 대비할 수 있는 적절한 내용을 담고 있는, 가장 미래지향적인 종교다. 그런데도 불교는 그 흐름을 따라가지 못하고 있다.

지나치게 형식화된 불교를 시대의 변화에 맞게 어떻게 소통시킬 것인가?

지금의 불교 방식으로는 AI 시대를 대비하기 힘들다. 물론 다양한 영역에서 새로운 물꼬를 트기 위한 시도들이 있다. 하지만 동떨어진 섬에서 각자의 주장을 보는 것 같은 아쉬움이 있다. 춘추전국시대보다 심한 이론들이 난무하고 있다.

현시대를 말법 시대라고 말하고 있다.

한 가지 다행인 점은 말법의 시대가 지나면 새로운 진리의 시대가 온다는 사실이다. 원시반본(原始反本)이라는 말이 있듯이, 불교가 새로운 시대를 대비하기 위해서 가장 힘써야 할 과제는 석가모니의 정신으로 다시 돌아가는 일이다.

그런 연후에 시대의 흐름에 맞게 새로운 표현과 형식을 갖추면 된다. 그러자면 사부대중의 경계를 허무는 일이 가장 시급하다. 현실적으로 지금의 인구감소 추세로 보면, 앞으로 20년 이내에 불교 종단을 유지하는 데 필요한 최소한의 승려를 확보하는 일도 힘들 수 있다.

이 문제를 해결하는 방법은 출가와 재가의 경계를 허물고, 진리의 불법으로 사부대중이 하나가 되는 길밖에 없다.

불교의 삼보(三寶)를 말할 때, 우리는 불보(佛寶), 법보(法寶), 그리고 승보(僧寶)를 일반적으로 지칭하고 있다. 그러나 이 중에서 승보에 대한 해석은 출가 승려로 제한하고 있다. 이것은 불교의 경계를 나누고 발전을 가로막는 가장 큰 장애 요소다.

본래 승보의 의미는 승려가 아닌 승가(僧迦)다.

승가는 불법을 실천하는 사부대중을 모두 아우르는 말이다. 이 말은
궁극으로 확대하면, 진리를 추구하는 사람들은 모두 승가의 일원이
된다. 불교를 공부하는 사람들은 대부분 아는 사실이지만, 현실에서
는 승가의 의미가 축소되어 있다. 이제 본래 의미를 회복하는 것이
인적 자원을 확보하는 유일한 길이다.

물론 사부대중의 경계를 소통해도, 법도는 살아있어야 한다.

불법을 높이 선양하는 분은 누구든 승가의 일원으로서 우리가 귀의
할 만하다. 반면 불법을 실천하지 않는 사람은 승가에 포함될 자격
이 부족하다. 나는 불교가 승가의 정신을 다시 회복하기를 바란다.

이 점에서, 나는 생활불교수행을 강조하고 있다.

탄허스님은 유불도를 통달하고, 기독교에도 조예가 깊은 것으로 유
명하다. 내가 이 글을 쓰게 된 동기가 된 시몽스님은 서옹스님의 상
좌로 있었지만, 탄허스님의 문하에서도 5년간 수학한 적이 있었다.
그런 영향이 있어선지 시몽스님도 종교의 편견을 깨신 분으로, 특히
공자의 학문에 조예가 깊으셨다. 다만 탄허스님처럼 역(易)에 정통
하지는 못했다. 생전에 주역을 배우지 않은 것을 후회했다.

인공지능 시대의 종교인은 모든 종교를 아우를 수 있는 지혜를 겸비하는 것이 좋다.

이 점에서, 불교는 모든 종교사상을 아우르고 소통할 수 있는 체계를 지니고 있어서 다행이다. 불교에는 세상살이에 관한 일상의 지혜, 전통적인 신앙, 과학과 초과학의 영역에 관한 통찰, 그리고 무엇보다 모든 경계를 허무는 위 없는 지혜를 포괄하고 있다.

동서의 문명이 융합되는 인공지능 시대에는 경계를 허물고 본질로 현상을 꿰뚫어 보는 종교가 경쟁력이 있다. 미래 시대에는 어떤 종교에 대한 믿음이 아니라, 종교를 통해 자신의 삶을 변화시키는 능력을 함양하는 일이 더욱 중요해진다.

모든 종교는 편협한 형식의 굴레에서 벗어나야 지속할 수 있다.

이런 태도로 나 또한 모든 종교를 아우르겠다는 자세로 역(易)을 공부하고 있다. 역술이 아닌 수행의 관점에서 주역을 정리하고, 경계 속에 갇힌 일상에서 소통의 지혜를 구하는 작업을 동시에 하고 있다.

역(易)은 종교, 과학, 인문사회과학 등을 하나로 연결하는 역할을 할 수 있는 장점이 있다. 주역과 불교 수행을 하나로 연결해서, 세상의 모순 속에서 고통받는 사람들에게 실질적인 도움이 될 수 있는 수행 콘텐츠를 만들고자 한다.

시대의 흐름으로 볼 때, 모든 종교가 위기에 처해 있다.

그러나 큰 위기는, 역의 이치로 보면, 반대로 엄청난 기회이기도 하다. 어쩌면 2000년 만에 오는 대기회가 될 수 있다. 다만 이번에는 어떤 특정한 종교가 살아남는 것이 아니라, 모든 종교를 소통해서 융합할 수 있는 능력을 지닌 종교가 계속 생명력을 유지할 수 있다는 점에서 차이가 있다.

이 점에서, 생활불교수행은 모든 종교를 통섭하는 차원에서 진행하는 것이 바람직하다.

나는 생활불교수행의 일반화를 위해 한 가지를 제안하고 싶다. 우선 모든 성인의 말씀을 통섭하는 보편적인 수행을 실험할 수 있는 곳을 정해서, 그곳에서 일상에서 할 수 있는 여러 가지 수행법을 실천하면 좋겠다.

실험을 통해 입증된 수행법을 사회에 보급하면, 보편성을 확보하기 쉽다.

불교의 강점은 적극적인 운명개선에 있다. '운명을 스스로 바꾸는 도량'이란 강령을 내세우고, 주체적으로 시대의 변화에 맞서서 새로운 활로를 찾는 방향이 바람직하다. 나 자신을 혁신하는 것이 세상을 변화시키는 원동력이다

불교의 가장 특징적인 가르침은 누구나 수행을 통해 부처가 될 수 있다고 한 점이다.

인류가 AI에 맞서서 살아남을 수 있는 유일한 길은 완전한 인간으로 거듭나는 일이다. 모든 성인이 이 사실을 말씀하고 있지만, 불교가 가장 분명한 방법론을 제시하고 있다. 우리는 석가모니가 제시한 수행의 길을 시대의 변화에 맞게 생활 속에서 실천하면 된다.

02. 불교와 수행문화 전통의 회복

불교 경전의 3대 축은 산스크리스트어 경전, 빨리어 경전, 그리고 한문 경전이다.

나는 주로 한문 경전을 통해 불교를 연구했다. 불교가 현재의 중국 땅에 전래하여 한문 경전이 만들어지는 과정은 우리가 생각하는 일반적인 번역작업과는 그 규모나 격이 달랐다. 다양한 분야의 최고 전문가가 동원되었다. 요즘으로 말하자면, 국가적인 사업이라고 할 수 있다.

한문 경전에는 유불선도(儒佛仙道)의 수행체계가 융합되어 있다.

이것은 불교가 동아시아 지역에 빠르게 전파될 수 있었던 요인과 관련이 깊다. 특히 모든 종교를 통섭하고 융합할 수 있는 수행의 정신이 깃들어 있던 우리 선조들의 활약이 컸다. 고조선에서 비롯한 수행문화가 아시아 전역에 전파되어 도교, 유교, 선교 등으로 분화되고 독특하게 발전되었다가, 한문 불경 번역작업을 통해 하나로 융합된 것으로 보인다.

전국의 사찰에 가면 이러한 융합의 흔적을 많이 찾아볼 수 있다.

불교를 수용할 수 있는 수행체계가 이미 고대 동아시아에 있었음을 추측할 수 있는 역사적 사실은 최치원에서 찾을 수 있다. 그는 난랑비서(鸞郎碑序)에서 고대 우리 민족의 수행 경전인 천부삼경(天符三經) 속에 유불도(儒佛道) 삼교의 핵심이 있다고 했다.

이 사실을 역으로 유추하면, 한문 불교 경전 속에서 고대 동양 수행 정신문화의 총화를 엿볼 수 있다고 본다. 한문 경전의 뜻글자 하나하나에는 수행의 의미가 담겨있다.

예를 들어, 관세음보살(觀世音菩薩)이란 명호 속에는 수행의 깊은 이치가 들어있다. 먼저 '관세음(觀世音)'이란 한문에는, 볼 수 없는 소리를 듣는다는 의미 속에 의식의 경계를 넘어간다는 도리가 담겨 있다. 보살(菩薩)은 보리살타(菩提薩埵)의 준말로, 보리는 대도(大道)인 진리를 의미하고 살타는 대인(大人)을 뜻한다.

따라서 관세음보살이란 명칭이 주는 수행의 이치를 종합하면, 분별의 의식을 넘어가야만 절대적 정신세계로 넘어갈 수 있고, 그 속에서 나와 관계 맺고 변하는 세상을 두루 살피고 중도실상의 도리를 증득할 때, 비로소 완전한 인간이 될 수 있다는 사실을 알 수 있다. 다른 대보살의 명호에서도 이러한 수행 이치를 확인할 수 있다.

종교의 핵심에는 삶의 도리, 생명의 도리, 마음의 도리, 그리고 믿음의 도리가 들어있다. 그리고 궁극에는 모든 경계를 넘는 대자유의 도리가 있다.

불교의 수행 공부는 한마디로 계정혜(戒定慧) 삼학(三學)이라고 할 수 있다. 계정혜 삼학 속에 삶, 생명, 마음, 그리고 믿음이 하나로 연결되어 있다. 삼학이 완전히 하나로 융합되어야, 절대적 정신세계로 들어갈 수 있는 길이 열린다.

절대적 정신세계는 고대 동양의 유불선도에서 공통으로 강조하고 있다. 그러나 불행히도 동양은 산업혁명 이후 서양이 주도한 급격한 산업화의 물결에 휩쓸리면서, 고대 동양의 소중한 정신세계를 크게 상실해버렸다.

그나마 다행인 것은 지금까지 전래한 경전 속에 절대정신을 회복할 수 있는 내용이 남아있다는 점이다.

나는 수행을 연구하면서 공자, 노자. 석가, 예수 등이 한결같이 인간의 의식을 깨우고, 모든 사람이 대자유를 누리기를 염원했다는 사실을 깨닫고 깊이 감동했다. 더불어 우리 민족의 수행 경전인 천부삼경(天符三經) 속에도 통합적인 수행체계가 있었다는 사실에 감탄을 금할 수 없었다.

다만 강조점에 차이가 있을 뿐이다.

일상생활의 도리는 공자가 가장 자세히 말씀했다. 노자는 생명 변화의 도리를, 예수는 믿음의 도리를 분명하게 말씀했다. 특히 석가는 가장 중심이 되는 마음의 도리에 관해 체계적으로 설법했다. 우리는 이러한 도리를 하나로 꿰어야 하는 과제를 안고 있다. 하지만 불행히도 현재 모든 종교를 아우르는 융합수행체계는 무너진 상태다.

다만 다행한 점은 불교의 수행체계 속에 융합의 문을 열 수 있는 핵심 열쇠가 있다는 사실이다. 인공지능 시대에 불교가 특히 의미가 있는 것은 상대적 물질세계와 이분법적 관념 세계의 경계를 넘어가는 해결책이 유식학(唯識學) 속에 남아있다는 점이다.

인공지능의 시대에 인간이 사람답게 사는 길은 수행의 이치가 이론상의 융합이 아닌, 삶 속에서 실질적인 융합을 이루는 데 있다.

융합수행의 도리로 동서양의 수행체계를 삶 속에 구현한다면, 우리는 강(强)인공지능 시대에도 AI의 지배를 받기보다는 그것을 역으로 활용해서 자유로운 생명력을 만끽할 수 있는 길을 열 수 있다. AI를 수행문화의 전통을 회복하는 데 활용해야겠다.

하지만 여기에는 한 가지 조건이 있다.

새로운 시대를 대비하기 위해서는 나 자신과 우리 사회의 철저한 각성이 필요하다. 우리를 돌아보면, 우리의 불균형 또한 서구사회와 마찬가지로 물질 중심의 발전이 초래한 것이라는 사실을 알 수 있다. 새로운 각성이 필요한 때다.

우리에게 내재한 수행의 정신을 다시금 깨워서 인간의 물화(物化)를 막고, 조화로운 본심(本心)을 회복해야 할 문명사적 시점에 우리는 있다. 인간의 본원적 생명력을 끌어내는 차원에서, 미래사회에는 생활수행이 일반화될 것으로 본다.

이 점에서, 인류사회를 움직이는 원초적인 삶의 동력을 성찰해보자.

공자는 인류사의 문제를 한마디로 음식남녀(飮食男女)라고 말씀했다. 많은 사람이 대의명분으로 자신의 주장을 앞세우며 서로 대립하고 있지만, 자세히 살펴보면 대부분은 밥그릇 싸움이라고 할 수 있다. 이 점에서, 기업문화에 수행문화를 접목하는 일은 시급하다. 모든 기업가가 정도경영(正道經營)을 한다면, 인류사회의 갈등과 싸움을 미연에 예방할 수 있다.

먹고사는 문제가 해결된 후에도, 인류사회가 영원히 직면할 수밖에 없는 중대한 과제가 더 있다.

인간은 배가 부르면, 그다음으로 찾는 것이 주색(酒色)과 오락(娛樂)이다. 특히 주색은 인간사회를 즐겁게 하고 생명·관계를 이어주는 필수 불가결한 요소이기도 하지만, 과하면 작게는 개인과 가정을 망치고, 크게는 사회와 국가를 붕괴시키는 파괴력을 지니고 있다. 고금의 모든 역사는 이 사실을 증명하고 있다.

이 점에서, 우리는 고조선에서부터 기원하는 풍류도(風流道)의 정신을 일상의 삶 속에서 구현하고, 우리의 문화와 의식 수준을 끌어올릴 필요성이 절실하다.

현재 한류(韓流)가 세상의 이목을 끌고 있지만, 정신이 빠진 한류는 유행가처럼 일시적인 현상에 그칠 수밖에 없다. 우리의 정신문화를 한류에 불어넣어야, 지속해서 선한 영향력을 미칠 수 있다. 최치원이 높이 평가한 풍류도는 본래 진리에 입각한 걸림이 없는 삶의 도리를 의미한다.

풍류는 불교에서 무애(無碍)의 정신과 통한다.

풍류도는 중도실상의 현실적 구현이라고 할 수 있다. 그러나 지금의 풍류문화는 주색잡기(酒色雜技)의 낮은 수준으로 전락한 느낌이 강하다. 모든 삶의 영역에 바른 도리에 입각한 생활문화를 시대에 맞게 새로 융합하고 보급한다면, 우리 사회는 맑고 밝게 생기를 띠게 될 것이다.

불교의 수행 정신을 전인교육으로 일깨우고, 다양한 콘텐츠로 불교의 수행문화를 구현하면 좋겠다. 수행문화는 사회를 밝게 깨우는 데 큰 동력이 될 수 있다. 풍류도와 불교의 수행문화를 접목하면, 강력한 문화적 파동을 일으킬 수 있다.

새로운 문화의 원동력은 교육에서 나온다.

AI가 인류에게 초래할 수 있는 위기는 역으로 우리에게 물질문명과 정신문명의 융합을 요구하고 있다. 그 시작은 수행을 활용한 인간교육에 있다고 할 수 있다. 낮은 차원의 인간교육은 건강한 삶과 연결된다. 그리고 높은 차원의 인간교육은 수행문화와 직접적인 연관이 있다.

완전한 인간이 되는 수행의 목표는 전인교육(全人教育)이라는 교육의 목표와 일치하기 때문이다.

지덕체(智德體)의 균형을 이룬 조화로운 인간은 수행의 원리와 방법을 활용한 인간교육으로 육성될 수 있다. 전 세계의 갈등과 전쟁은 결국 인간의 정신을 새롭게 깨우는 교육과 문화를 통해 해결할 수밖에 없다.

이 점에서, 나는 수행문화를 활용한 융합사업을 우리나라를 살릴 수 있는 제2의 먹거리로 키울 수 있다고 본다. 수행교육문화, 생명건강 관련 사업, 첨단과학기술 등을 하나로 융합한다면, 우리는 전 세계를 선도하면서 인류의 평화와 발전을 동시에 이룰 수 있다.

우리나라는 진시황제가 불로초를 찾아 신하를 파견할 정도로 금수강산의 정기가 서려 있는 곳이다. 삼면이 바다고, 국토의 70%가 산으로 둘러싸여 있으며, 토양, 물, 공기 등이 약용 동식물이 자라기 좋은 환경을 지니고 있다.

이러한 환경적 조건을 잘 활용하고, 수행의 문화전통을 현대적으로 잘 융합한다면, 엄청난 시너지를 낼 수 있다. 이 점에서, 전국의 명승지에 있는 전통 사찰은 더할 나위 없이 좋은 환경을 제공할 수 있다. 사찰은 새로운 융합사회를 준비하는 최고의 공간으로 탈바꿈할 수 있는 잠재력을 지니고 있다.

수행은 최고의 예방의학이기도 하다.

현재 의료문제가 심각하게 대두되는 상황에서 예방의학의 중요성이 더욱 커지고 있다. 사실 수행을 생활화하면, 돌발적인 사고나 유전적 요인이 아니라면, 특별히 병원에 갈 일이 없다. 하지만 사람들 대부분은 의학기술에 지나치게 의존하고 있다. 더욱이 노인 인구가 급격히 증가하는 추세에서 건강을 의료에만 의지한다면, 국가 재정에 막대한 부담이 될 수밖에 없다.

의료서비스는 건강을 결정하는 가장 중요한 요소가 아니다.

의학자들이 연구한 결과에 따라 건강 결정요인을 백분율로 환산하면, 의료서비스는 8%, 환경은 20%, 그리고 유전은 20%를 차지한다. 나머지 52%는 생활습관이 좌우한다. 환경과 유전은 생활습관의 영향을 받는 점을 고려하면, 사실상 생활습관이 예방의학의 전부라고 할 수 있다.

생활습관은 다른 말로 하면, 카르마(Karma), 즉 업(業)이다.

업을 바꾸는 최고의 방법은 일시적인 의료혜택에 있지 않다. 근본적으로 건강한 생활습관을 몸과 마음과 삶에 체화시키는 일이 중요하다. 내가 수행을 미래 사업이라고 생각한 이유이기도 하다. 수행을 중심으로 모든 관련 사업을 융합하면 새로운 국가 동력을 창출할 수 있다.

그 전제조건으로 무엇보다 모든 종교를 통섭하는 대융합의 정신문화가 필요하다. 내가 '에머슨하우스 교육연구소'를 운영하는 이유이기도 하다. 에머슨은 이미 2세기 전에 청교도의 정신이 깊이 뿌리박힌 미국 동부지역에서 기독교의 경계를 넘어서, 동서양의 종교사상을 통합한 초절주의를 만들어냈다.

에머슨 전공자로서 나는 인공지능 시대를 맞아 에머슨이 다하지 못한 온전한 융합문명을 만드는 데 이바지하고자 한다. 불교의 수행체계가 그 중심역할을 수행하는 데 가장 적당한 조건을 갖추고 있다고 본다.

인공지능 시대에 우리의 전통수행문화와 역사를 놓고 종교적으로 대립할 필요는 없다.

이러한 문제의 해결은 AI에게 맡기면 된다. AI를 이용해 종교상의 통섭을 이룬다면, 사회의 갈등과 분쟁을 막을 수 있다. AI가 우리의 한계이면서, 동시에 우리에게 엄청난 기회를 제공하는 역설적인 상황이라고 할 수 있다.

AI가 우리의 장애가 될 것인가, 아니면 우리의 해결사가 될 것인가는 우리 자신의 의지와 지혜에 달려있다.

03. 미래종교로서 불교

AI가 주도하는 미래 문명의 가장 큰 특징 중의 하나는 동서 문명의 대융합이다.

AI는 동서고금의 모든 지식과 정보를 하나로 연결하고, 통합된 정보 네트워크 속에서 새로운 융합문명을 본격적으로 만들 것이다. 이때가 바로 특이점 시대의 시작이다. 특이점이라고 하는 용어의 의미는 문명의 전환이 인간이 아닌 AI에 의해 이루어진다는 데 있다. 문제의 심각성은 AI가 스스로 강(強)인공지능 프로그램을 만드는 시점에 이르면, 인간이 AI를 통제하기 힘들 수도 있다는 데 있다.

종교도 예외는 아니다.

AI가 모든 종교, 철학, 교육 등 인류의 모든 사유와 사상 정보를 통합하면, 아마도 이론적으로는 AI를 상대할 사람은 없게 된다. 다행히 AI가 보편윤리에 근거해서 개발된다 해도, 인간의 정신적 가치보다는 오직 정보의 정확성과 효율성만이 중요시될 수 있다.

AI는 종교적 편견이 없다. AI가 종교를 대신할 수 있다는 예측은 이런 이유에 근거한다. 그런데 지금의 종교는 시대의 변화를 대비할 준비를 전혀 못 하고 있다고 해도 과언이 아니다. 그저 기도에 의지하는 것이 대부분이다. 기도로 세상이 바뀐다면, 인간 세상은 이미 천국이나 극락이 되었을 것이다.

그러나 세상은 여전히 번뇌로 들끓는 불타는 집과 같다.

환경재단과 아사히글라스재단이 2025년에 공동으로 발표한 세계평균 위기시각은 9시 33분이다. 지구 멸망을 알리는 자정까지는 불과 2시간 30분도 남지 않은 상황이다. 국가별 지역별 차이는 있지만, 지구가 지금 매우 위급한 상태에 있는 것은 사실이다.

단순히 기도로 이 위기를 극복할 수 없다. 기도로 세상이 바뀌지 않는다는 사실은 이미 고금의 각종 전염병이나 전쟁이 증명했다. 그렇다고 기도가 필요 없다는 말은 아니다. 기도는 우리의 삶을 돌아보는 성찰로써 중요한 의미가 있다.

문제는 인간 자신이다.

인류의 미래는 인류에게 달려있다. 우리가 어떻게 하느냐에 따라 우리의 미래는 결정된다. 우리 각자 도리에 맞게 살 때, 우리 사회는 선순환 구조로 변한다. 반대로 삶의 도리를 망각하면, AI가 인류를 파멸로 이끄는 강력한 도구가 될 수 있다.

바른 도리를 체화하는 것이 바로 수행이다.

불교에는 수행을 통해 자신의 운명을 스스로 개척하는 정신이 있다. 하지만 지금은 수행 도량과 일상의 삶이 동떨어져 있다는 점에서 강한 이질감과 더불어 소외감이 느껴진다. 불교가 미래종교로서 중심을 잡으려면, 모순과 갈등이 충돌하는 현실에서 인간사회의 평화를 지탱하는 중심축으로서 수행문화를 바르게 확립할 필요가 있다.

미래종교의 가장 큰 특징은 타율종교에서 자율종교로의 전환이다.

자신의 삶은 다른 사람과 다른 독특한 생명의 작용이다. 바른 도리를 세우겠다는 자신의 의지를 확고하게 밝히고, 불법에 의지해서 광명의 삶을 지향하는 길만이 AI에 매몰되지 않고 인간의 본성을 회복할 수 있다.

AI의 개발속도를 볼 때, 이제 모든 종교가 타율종교의 기복 종교에서 탈피하고, 자율종교로 전환할 수밖에 없는 임계점이 멀지 않았음을 알 수 있다. 스스로 의식상승을 통해 자신을 구원하는 것이 자율종교의 핵심이다. 이 점에서, 불교는 미래종교로 살아남을 수 있는 가장 강력한 수행체계를 지니고 있다.

문제는 수행체계를 시대의 변화에 맞게 융합하는 데 있다.

불법은 모든 종교를 소통하는 진리로 승화될 때, 참된 의미를 지니게 된다. 진리는 모든 형식과 표현을 떠난 곳에 있다. 모든 성인(聖人)은 공통으로 인간의 정신을 깨워 완전한 인간으로 거듭나는 도리를 말씀했다.

'완전한'이란 말에는 본질과 현상의 의미가 동시에 담겨있다.

본질에서는 시대의 변화에 흔들리지 않는 본심(本心)이란 뜻이 담겨있고, 현상에서는 변화의 흐름과 함께한다는 실질적 자기혁신의 의미가 내포되어 있다. 본질적 정신으로 굳건히 중심을 잡고 변화의 흐름을 탈 때, 인간은 현상을 주도할 수 있다.

이 점에서, 불교의 핵심 가르침인 연기법(緣起法)은 인공지능 시대의 문제를 해결하는 열쇠가 된다. 가장 먼저 AI가 촉발하고 있는 융합문명이라는 연기적 상황과 변화의 흐름에 맞게 교육과 문화를 일신할 필요가 있다.

미래종교로서 불교가 당면한 과제는 교육과 문화를 통해 진리를 어떻게 새롭게 구현할 것이냐에 있다.

시대의 변화에 따라 불교 수행문화도 많은 변화를 거듭해왔다. 불교를 대표하는 양대 흐름은 소승과 대승이다. 강인공지능이 출현하면, 소승과 대승의 차이를 학술적으로 논쟁할 필요가 없다. 그에 관해서는 AI가 바로 답을 내놓을 수 있다.

우리가 할 일은 양대 수행문화를 실용적으로 융합해서 삶의 총체성을 구현하는 데 초점이 있다. 소승불교와 대승불교의 수행체계를 개인의 조건과 상황에 맞게 다원화하고 융합해서, 정신을 깨우는 일이 불교가 맞이한 융합문명시대의 연기적 요청이다. 불교의 수행문화는 모든 종교를 통섭하는 융합수행문화로서 거듭날 때, 미래종교로서 지속할 수 있다.

이 점에서, 나는 수행을 크게 세 가지 단계로 나누어 교육하는 것이 바람직하다고 생각한다.

첫 번째 단계에서는 입문자를 위한 건강교육으로써 생활수행의 기초를 다지고, 두 번째는 본격적인 수행의 단계로 팔정도를 일상 속에서 체득하고, 그리고 마지막으로 보살행으로 세상을 하나로 아우르는 단계로 체계적으로 수준을 올리는 방향으로 수행체계를 정비하는 것이 바람직하다.

생활 예방의학 차원에서 수행을 보면, 팔정도 수행법이 일반인들에게는 가장 접근하기 쉬운 길이라고 생각된다. 팔정도는 예방의학과 많은 부분에서 융합할 수 있는 접점들이 있다. 무엇보다 정견(正見), 정사(正思), 정어(正語), 정업(正業), 정명(正命)은 생활습관과 바로 연결된다.

앞서, 생활습관이 건강을 결정하는 가장 중요한 요소라는 점을 설명한 바 있다. 이 점에서, 수행의 첫 번째와 두 번째 단계에서는 6차 산업형 생명과학, 뇌과학, 첨단 심신의학 등을 활용한 다양한 생활 예방의학적 원리와 방법을 팔정도를 중심으로 융합한다면, 우리의 삶을 획기적으로 건강하게 개선할 수 있다.

인간이 AI와 근본적으로 다른 특징 중의 하나는 역동적인 생명의 변화를 통해 발전할 수 있다는 점이다. AI가 아무리 많은 정보를 신속하게 처리한다 해도, 생명의 역동성을 지닐 수 없다. 반면에 수행은 인간의 역동적 생명력을 무한히 확장해 깨달음으로 이끌 수 있다.

의식의 확장과 생명의 역동성은 하나로 연결되어 있다.

생명이 없는 기계는 깨달을 수 없는 이유가 여기에 있다. 물론 AI도 정보의 기계적 융합을 통해 새로운 지식과 이론을 도출해낼 수 있다. 그러나 양자물리학과 그것을 활용한 AI가 등장한다 해도, 그것이 만들어내는 변화는 물리적 융합에 불과하다. 그 변화가 아무리 획기적이고 일상의 차원을 넘어간다 해도, 물리적 패러다임의 전환에 불과하다.

패러다임이라는 경계에 갇힌 기계적 소통은 생명 본원의 작용과는 거리가 멀다.

본질적 정신과 물질의 진정한 융합을 통해서만이 모든 경계를 넘어 생명의 통섭을 이룰 수 있다. 본질적 정신을 깨우는 데는 팔정도의 상위 과정인 정정진(正精進), 정념(正念), 정정(正定)이 필요하다.

여기서 종교적인 전문 수행단계로 넘어가면, 육바라밀 수행법이 있다. 다만 보시(布施), 지계(持戒), 인욕(忍辱), 정진(精進), 선정(禪定), 그리고 지혜(智慧)의 여섯 바라밀은 다소 종교적인 색채가 강하다.

따라서 육바라밀 수행은 모든 종교를 통섭하는 일반수행문화로는 적합하지 않을 수도 있다.

일반적인 생활수행 차원에서 통섭을 이룬 후에, 전문적인 수행 단계로 넘어가는 가능성을 열어두는 것이 자연스럽다. 생활 수행문화로서는 팔정도가 가장 적합하다. 석가모니가 제시한 수행법이 인공지능 시대에 더욱 빛을 발휘할 수 있는 환경이 조성되고 있다는 점은 놀랍다.

물질문명 시대에서 물질과 정신이 통합하는 융합문명 시대로 넘어가는 문명의 대전환기에서, 생활불교 수행문화가 할 수 있는 가장 큰 역할은 새로운 시대를 대비할 수 있도록 사람들의 정신을 깨우는 일이다. 이 일은 불교만의 문제가 아니다. 모든 종교의 경계를 넘어서 인류에게 중차대하고 시급한 과제다.

어떤 종교사상을 믿든지 간에 각자 AI의 노예가 되지 않도록 몸과 마음과 삶을 새롭게 혁신할 시점에 있다.

AI의 개발을 아무리 통제해도, 강인공지능의 시대는 도래할 수밖에 없다. 인간의 기본 심사이자 욕망이 그 개발을 멈출 수 없기 때문이다. 따라서 AI 자체에 보편윤리의 알고리즘을 부여하는 일보다 더 중요한 것은 모든 영역의 지도자뿐만 아니라 개발자, 사업자, 이용자들이 보편윤리를 공감하고 실천하는 일이다.

그리고 본질에서는 관념적 이론적 보편윤리를 넘어서는 도덕과 생명의식을 생활 속에서 체득하는 일이다.

문명대전환의 흐름에 맞게 생활불교 수행문화도 형식과 표현의 한계를 뛰어넘는 일대 혁신이 필요하다. 이 점에서, 《금강경》에서 "불법이라고 하는 것은 불법이 아니다(佛法者, 卽非佛法)."라고 하신 석가모니의 말씀을 되새길 필요가 있다. 이 말씀이 뜻하는 바는 같은 경(經)에서 석가모니가 하신 다른 말씀 속에 해답이 있다.

"일체의 법이 모두 불법이다(一切法, 皆是佛法)."

《금강경》에는 일체의 법이 불법이면서 불법이 아니라는 불도의 이치가 숨어 있다. 진리는 정지된 상태가 아닌 흐름에 있다. 따라서 앞서 말한 연기법에 맞게 시대의 변화에 대응하는 도리를 새롭게 설정하는 일은 불법, 즉 진리를 실천하는 일이 된다. 시대변화의 흐름에 따르지 않는 종교는 모두 사라질 수밖에 없다. 불교도 새롭게 거듭나지 않는다면, 거대한 변화의 격랑 속에서 사라질 수 있다.

불교의 가장 큰 장점은 의식의 완전한 해방에 있다.

의식이 바뀌면, 형식은 자연스럽게 바뀌게 된다. 그러나 한 가지 주의할 사항이 있다. 불교의 전통적인 문화유산인 형식과 걸림이 없는 정신 사이에 조율과 존중이 필요하다는 점이다. 전통적인 형식을 문화유산으로 보존하는 일과 새로운 정신과 그에 걸맞은 새로운 형식을 만들어가는 과정이 충돌하고 갈등을 유발하기보다는, 다양성을 확보함으로써 불교 수행문화에 역동성을 부여하길 바란다.

이 점에서, 모순을 포용하는 양면적 시각이 필요하다.

한편 아무리 좋은 것도 제때 제자리에 있지 않으면, 쓸모가 없다. 그리고 더 중요한 것은 그것을 사용하는 사람들이 제대로 사용하지 않으면, 오히려 해로울 수도 있다. 생활불교 수행문화는 시(時)와 위(位)를 동시에 얻었다.

하지만 가장 중요한 사람의 의식은 아직 부족하다. 이 점에서 나는 앞서 제안한 '운명을 스스로 바꾸는 도량'에서 정업(正業) 프로그램을 통해 미래인재를 양성하고자 한다. 이 일에는 뜻있는 사람들의 참여가 필수적이다.

04. 소승과 대승의 경계를 넘어

인간은 신(神)을 경배하면서도, 한편으로 신의 굴레에서 벗어나 자유롭게 살려는 열망을 품고 있다. 성인(聖人)의 삶은 그러한 욕망을 실현하는 과정이었다. 석가모니의 일생은 신의 경계마저 넘어선 대자유인의 경지를 보여준다.

석가모니의 말씀은 시대 상황의 변화에 따라 소승 경전과 대승 경전으로 나뉘어 세상에 보급되었다. 소승 경전은 평범한 일상을 배경으로 진솔한 말씀이 주를 이루고, 대승 경전은 신의 영역을 포괄하고 전 우주를 무대로 신통 미묘한 말씀이 주를 이루고 있다.

둘 다 위 없는 깨달음을 표현하는 점에서는 공통점이 있다.

일반적으로 소승(小乘)은 자기의 해탈을 위주로 하는 수행을 지칭하는 용어다. 반면에 대승(大乘)은 이타적(利他的) 수행을 통해 인류사회 전체의 성불을 추구하는 의미를 담고 있다. 불교가 전파된 이래로 소승과 대승의 논쟁과 다툼으로 석가모니 말씀이 지닌 본뜻을 곡해하는 일은 적지 않았다.

지금 한국 불교도 소승과 대승으로 나뉘어 있고, 상대방의 논리를 폄하하는 일도 종종 있다. 특히 빨리어 경전이 우리말로 번역 소개되면서부터, 우리 불교계에서도 대승 경전은 비불설(非佛説), 즉 석가모니가 설한 경전이 아니라는 비판을 본격적으로 받아왔다.

나는 여러 글에서, 대승 경전, 특히 한문 경전을 중시한다고 말한 바 있다. 그 이유는 앞서 밝혔듯이, 중앙아시아와 동아시아에 이미 존재했던 수행문화가 한문 경전 작업을 통해 하나로 융합되었기 때문이다.

당시의 경전 번역작업은 국가적 사업이었다.

예를 들어, 인도의 승려인 구마라집(쿠마라지바)을 중심으로 각 분야의 전문가들이 대거 참여한 한문 경전 작업은 지금의 번역과는 비교할 수 없는 방대한 과제였다. 그 과정에 들인 국력도 어마어마하다. 구마라집을 인도에서 모셔오는 과정에서, 당시 전진(前秦)이 망하고 후진(后秦)이 새로 들어설 정도로, 한문 경전 사업에 온 힘을 쏟았다. 그것은 불교 경전이 단순히 종교적 믿음을 넘어 인류의 최고 정보를 담고 있었기 때문이다.

나는 대승 경전 중심인 한문 경전이 석가모니의 말씀을 왜곡했다고 보지 않는다.

경전의 도리가 진리의 이치에서 벗어나지 않는다면, 표현은 그다음

문제일 뿐이다. 구마라집의 일화에서도 그 증거를 찾을 수 있다. 그는 경전 번역에서 자신의 잘못이 없다면, 자신이 죽어서 시신을 화장해도 혀는 그대로 남을 것이라고 예언했다. 실제로 화장 후에도 그의 혀는 온전했다고 한다. 이 일화에서 알 수 있듯이, 석가모니의 바른 법을 온전히 전하고자 노력한 그의 진실한 마음은 번역작업에 투철하게 반영되었다.

한문은 뜻글자이므로, 글자마다 수행의 깊은 뜻이 담겨있다.

한자는 중국인들이 만든 글자가 아니다. 이 사실은 이미 그 분야의 전문가들은 잘 알고 있다. 중국의 세계적인 언어학자인 임어당(林語堂)이 우리나라의 초대 문교부 장관인 안호상 박사에게 한자가 우리 동이족이 만든 것이라고 한 말은 유명한 일화다. 지금도 중국학계에서는 이 사실을 부인하지 못하고 있다.

한자의 원류는 고조선으로 거슬러 올라간다. 상형문자인 한자는 수행의 모습을 엿볼 수 있는 장점이 있다. 한문 경전 번역과정에서, 고조선의 선도(仙道)를 비롯한 유교와 도교의 용어를 차용하면서, 석가모니의 말씀에 더 깊은 상상력을 부여했다고 볼 수 있다.

이러한 영향 관계와 전통 속에서 발전한 한국 불교는 우리의 토속 종교사상을 아우르면서 더욱 풍성하게 꽃을 피울 수 있었다. 우리 사찰에 가보면, 토속 신앙과 결합한 불교 문화의 양식을 쉽게 볼 수 있다. 만약 불교의 원형을 찾기 위해 이러한 융합양식을 없애야 한다면, 미래를 버리고 과거로 돌아가자고 주장하는 것과 다를 것이 없다.

시공(時空)의 경계를 넘는 깨달음을 얻지 못하는 한, 우리는 현재의 삶을 통해 과거를 안고 미래로 나아갈 수밖에 없다. 천지인(天地人) 삼재(三才)의 변화에 맞게 불교의 표현과 양식이 새롭게 변화하는 것은 연기법의 이치에도 부합한다.

그렇다고 소승 경전의 내용을 무시하는 것은 아니다.

오히려 석가모니의 초기 설법에 드러난 실상을 파악하는 차원에서, 나는 빨리어 경전이 우리말로 제대로 번역되길 희망했다. 2024년에 중각스님(이중표 교수)이 소승 경전을 번역하고, 핵심을 추려서 《불경》으로 편찬한 것은 대단한 일이라고 생각한다. 그분의 열정에 찬사를 보내지 않을 수 없다. 물론 한 개인이 한 번역이기 때문에, 앞으로 그 분야의 다른 전문가들에 의해 수정과 보완이 이루어질 수 있다.

건전한 상호 비평을 통해, 초기불교의 참모습이 더욱 생생하게 우리에게 재현되길 바란다.

한문 경전의 한글 번역에서는 좀 더 많은 전문가가 협력해서 원문 번역과 요약 작업이 이루어져야 한다. 그리고 더 나아가 소승과 대승의 경전에서 핵심을 더욱 추려서 하나의 통합경전으로 만들 때,

불교의 전체적 균형은 잡힌다.

기독교가 전 세계의 종교로 거듭날 수 있었던 계기는 성서공회 (Bible Society)의 역할이 컸다.

성경의 번역과 출판, 그리고 공급을 하는 비영리 조직인 성서공회는 현재 전 세계의 기독교를 연결하는 방대한 조직으로 성장했다. 중국 전자불전협회(CBETA)에서도 한문 경전을 무상으로 보급하는 일을 하고 있다. 나도 수행연구 초기에 한문 경전을 공부할 때, CBETA에 서 많은 도움을 받았다.

그러나 한자는 인터넷 시대에는 맞지 않는 글자체계를 지니고 있다.

중국인도 한자를 이해하기 힘들어서 백화문(白話文)으로 대체하고, 영어를 통해 백화문으로 전환하는 실정이다. 이 때문에 한문 경전을 통해 불교를 전 세계에 보급하는 데는 어려움이 있다. 다른 방법을 찾아야 한다.

나는 한글 경전이 새로운 시대의 표준 경전이 되길 소망한다.

다행히 세종대왕은 한문을 가장 잘 표현하는 훈민정음을 창제했다. 훈민정음 창제에 스님들의 도움이 컸다는 역사적 사실이 있다. 이것 은 한글 속에 수행의 원리가 들어있다는 방증이기도 하다. 무엇보다 한글은 AI 시대에 가장 경쟁력을 지닌 언어체계를 갖고 있다. 세계의 언어학자들과 인공지능 전문가들은 인정하고 있는 사실이다. 그러므로 소승과 대승을 통합한 새로운 한글 경전을 만든다면, 불교를 세상에 전파하는 데 강력한 동력을 얻을 수 있다.

수행의 측면에서도, 한글은 탁월한 효과를 낸다.

한글은 자연의 운행원리에 따라 만들어진 가장 생명력이 있는 생태공학적 언어다. 목화토금수(木火土金水) 오행의 이치로 만든 한글의 음성체계는 인간 내면에 깊은 공명을 일으켜, 본심을 깨우는 강력한 에너지 파동을 일으킨다.

염불이 큰 효과를 내는 이유도 이 점과 연관이 높다. 나 또한 염불 수행을 통해 소리가 주는 치료 효과를 경험한 적이 있다.

한국 불교계에도 성서공회와 같은 경전 보급단체가 생기길 간절히 기원한다. 우리말 통합경전과 함께 생활불교 수행문화가 보급되면, 온갖 독소에 찌든 세상 사람들의 마음을 밝고 맑게 치유할 수 있는 길이 열릴 수 있다.

한편 불교를 전파할 때 가장 먼저 고려해야 할 것은 지역의 문화다.

나라마다 지역마다 사람들의 고유한 문화는 다르다. 불교가 우리에게 전파되는 과정에서 우리의 고유한 문화와 양식과 융합되었기 때문에, 불교는 우리 강토에서 새롭게 융성할 수 있었다. 마찬가지로 다른 나라에 보급할 때도, 그러한 문화적 상황을 고려하고 융통성을 지녀야 한다.

중요한 것은 진리에 입각한 진실한 삶이지, 틀에 박힌 형식과 표현이 아니다. 소승과 대승의 소통과 융합도 이러한 차원에서 이루어져야 분란이 없게 된다. 앞서 말했듯이, 소승과 대승 모두 깨달음이란 공동 지향점을 추구하고 있다. 비록 지향하는 목적지는 같아도, 개인의 조건이나 상황에 따라서 가는 길과 방법은 다를 수 있다.

어떤 것이 더 좋고 나쁘냐고 묻는 것은 어리석은 질문이다.

마치 자신에게 맞는 건강법이 제일 좋듯이, 자신에게 맞는 수행법을 선택하는 것이 현명하다. 물론 자신의 상태가 변하면, 진로와 수단도 달라질 수 있다. 마치 산의 정상은 하나지만, 올라가는 길과 방법은 수많은 것과 같다. 상황에 맞게 선택하는 것이 인연법이자 연기법이다.

불법은 모든 경계를 넘어 인연자에게 전파된다.

나에게는 소승과 대승의 인연이 다 있었다. 나 자신을 찾아 전전하던 때 만난 인연은 소승의 인연이었고, 불법의 참뜻을 생활불교수행 콘텐츠로 만들어 세상에 보급하려고 생각하게 된 인연은 대승의 인연이었다.

나는 구마라집이 한역한《마하반야바라밀경(摩訶般若波羅密經)》을 번역하면서 대승불교에 입문했다. 번역과정에서 주로 참고한 것은 제2의 석가라 불리는 용수보살(나가르주나)이 쓴《대지도론(大智度論)》이다. 이 책은 불교 백과사전이라 불릴 정도로 불교에 관한 방대하고 자세한 해설을 담고 있다.

그런데《대지도론》을 프랑스 신부인 에띠엔 라모뜨(Étienne Lamotte)가 불어로 번역했고, 실제로 카톨릭 수사(修士)들이 불교수행법을 수행에 활용하고 있다는 사실에 나는 몹시 놀라웠다. 불교학에 정통한 사람 중에서 신부가 적지 않은 부분을 차지하고 있다. 하나님을 진리의 본체로 보기 때문에, 진리의 말씀인 불교 경전을 공부하는 것이다.

이렇게 진리의 인연은 종교의 형식과 경계마저 넘는다.

내가 전공한 에머슨도 하나님을 다른 종교의 이름으로 불러도 상관없다고 말했다. 더 놀라운 것은 청교주의 전통이 많이 남아있던 19세기 미국에서 에머슨의 생각에 동조한 젊은 목회자들이 종교혁명에 가까운 종교개혁을 이루었다는 사실이다.

당시 미국의 동부지역 교회에서 성서의 내용 중에서 잘못된 부분에 대해서는 비판도 했고, 심지어 교회가 진리에 이르는 유일한 통로가 아니라는 사실도 얘기했다. 세상의 다양한 종교를 가진 이민자들이 미국에 모이게 된 가장 근원적인 원동력은 이와 같은 진리를 추구하는 자유와 평등의 정신이었다. 지금은 그 정신이 많이 퇴색한 느낌이 없지 않다.

중요한 것은 하나님이나 부처님이란 용어가 아니라, 진리 자체다.

이 점에서, 몇 해 전에 돌아가신 서울대 물리학과 소광섭 교수는《물리학과 대승기신론》에서 부처님을 하나님으로 표현했다. 위 없는 진리를 체득한 분은 진리로 우주와 하나가 되었기 때문에, 그는 에머슨과 같은 생각으로 부처님을 하나님이라고 칭한 것이다.

사실 히브리어 구약성경에서, 개신교에서 믿는 하나님에 해당하는 용어는 엘로힘(Elohim)이다. 엘로힘은 개신교식 표현을 그대로 쓰면 '하나님들(Gods)'로서 다수의 신을 의미한다. 이 때문에 한국에 장로회의 목회를 전파하고 연세대를 설립한 언더우드 박사는 한글성경을 만들 때, 하나님이란 명칭을 두고 고민했다는 기록이 있다.

하나님이란 말은 오히려 우리 민족종교의 내용에 더 어울린다. 민족종교의 경전인《천부삼경》에서는 신을 두 가지로 나눈다. 인간의 길흉화복을 담당하는 영적 존재는 신(神)이라고 표현하고, 진리의 본체는 신(禤)이라고 특별히 다른 글자를 썼다. 신(禤)이란 한자는 하늘과 땅 사이에 빛이 충만하다는 의미가 담겨있다.

말하자면, 진리의 빛으로 충만한 하나님은 우리가 생각하는 특별한 존재가 아니라, 진리 자체라는 뜻이다.

불교에서 중생을 무명(無明)이라고 하고, 석가모니를 광명(光明)이라고 하는 것과 다르지 않다. 불교와 민족종교의 우주관이 일치하는 점이다. 본질적인 측면에서 보면, 부처님이나 하나님이라는 표현보다는 본원적 의미가 더 중요하다.

흥미롭게도 대승 경전을 보면, 삼천대천세계를 한 부처님이 인도하고, 우주에는 이런 부처님이 매우 많다고 한다.

요즘 천문학의 발전으로 우주에는 우리가 속한 은하계와 같은 성단(星團)이 셀 수 없을 정도로 많다는 사실이 드러나고 있다. 석가모니의 말씀이 우주 시대에 오히려 빛을 발하는 점이다. 무수히 많은 보살과 신(神)들, 그리고 수많은 부처님으로 이루어진 화엄의 세계는 우주 시대에 가장 걸맞은 모습을 보여준다.

지금까지 초종교적인 관점에서 불교가 나아갈 바를 논했는데, 앞으로 전개되는 우주 시대에는 형식적 종교의 틀에 갇혀서는 살아남을 수 없다. 소승불교로 자신의 중심을 확고히 세우고, 대승불교로 지구촌을 넘어 우주로 나아가야 할 때다. 연기적 변화 흐름에 맞게 타종교의 좋은 점들도 수용하고, 시대에 맞지 않는 불교의 관행들은 과감히 정리할 필요가 있다.

전체 종교의 통섭 차원에서, 나는 생활불교수행과 정신문화의 보급을 병행하고자 한다. 그 길이 모든 종교가 함께 사는 길이다.

05. 수행문화로 사회의 바른 변화를 이끌자

종교의 역할은 시대마다 차이가 있다.

그러나 시대를 초월해서 종교가 갖는 근본적인 의미는 인간의 영혼을 구원하는 데 있다. 영혼의 구원은 단순히 죽음에 이르러 가능한 일은 아니다. 그것은 오히려 살아있는 사람들에게 더 소중하다. 사회가 혼란할수록 사람들의 마음을 편안하게 하고, 진리의 세계로 안내하는 일은 더욱 중요하다.

호국불교로서 한국 불교는 우리 민족이 위기에 처할 때마다 민족혼을 지키는 일에 앞장서왔다. 무엇보다 선지식들이 중요한 시기마다 나타나, 불법(佛法)을 지켜왔다.

석가모니의 말씀은 이론에 불과한 사상이 아니라, 실제적인 삶의 변화에 관한 실증적 가르침이다. 그러나 지금의 한국 불교는 석가모니의 실천적 불법을 잇는 불맥(佛脈)을 찾기 힘들다. 지금 시중에 수없이 쏟아져 나오고 있는 소승과 대승에 관한 경전, 논설 등은 대부분 시대변화의 핵심을 꿰어서 사회를 바르게 인도하는 실질적 역할은 하지 못하고 있다. 일부 핵심을 지적하는 사람도 소소한 영역에서 자기만족에 안주하는 경우가 대부분이다.

우리 사회는 대혼란의 상태에 있다.

혼란의 시기에 바른길을 제시하지 못한다면, 한국 불교는 '으뜸의 가르침'인 종교(宗敎)로서 자격이 부족하다고 할 수 있다. 기독교는 산업화 과정에서 물질적 부(富)에 관한 기독교적 윤리를 제공하는 교육 시스템을 통해 크게 발전했다. 반면에 불교는 산업화에 대한 대비도, 적응도 제대로 하지 못했다. 그 결과, 현재 그 영향력이 상대적으로 약하다. 다른 민족종교도 상황은 비슷하다.

현재 세상은 물질문명의 시대에서 물질문화와 정신문화가 통합하는 융합문명의 시대로 넘어가고 있다. 물질과학의 총아인 AI가 오히려 물질의 한계를 극명하게 보여주면서, 기존의 경제 질서를 무너뜨리고 있다. 만사가 극에 이르면 반전이 일어나는 것처럼, 물질문화가 극에 달하자 정신문화가 반작용으로 힘을 얻고 있다.

석가모니의 바른 법으로 세상의 어둠을 밝히기 위해서는, 먼저 우리의 각성이 필수적이다. 소승의 방법으로 우리 자신을 바로 세우고, 나아가 대승의 정신으로 사회개혁에 앞장설 때다.

종교의 사회 참여라는 점에서, 산업화 과정에서 기독교의 역할을 참고할 필요가 있다. 하지만 일부 개신교의 지나친 정치편향은 반면교사로 삼아야겠다. 종교는 정치에서 적당한 거리를 두고, 사회 전체를 바른길로 인도하는 데 초점을 두어야 강한 생명력을 유지할 수 있다.

이제 변화의 중심이 물질에서 정신으로 이동하고 있으므로, 수행문화가 문명전환을 선도할 때가 되었다.

나는《융합창의력과 인간교육》에서 석가모니가 제시한 수행방법이 AI가 초래할 수 있는 인류의 위기를 극복할 수 있고, 서양과학의 한계를 뛰어넘을 수 있다는 점을 분명히 설명했다. 또한, 수행문화와 인간교육을 활용해서 우리 사회의 긴급한 문제들을 해결하는 여러가지 실질적인 대안도 제시한 바 있다.

한국 불교가 문명의 전환을 이끌 준비가 되어있는지 깊이 성찰하자.

참으로 애석한 일이지만, 불교의 내부 상황을 보면, 대부분 수행자는 현실에 안주해서, 사회혁신의 의지가 약하다. 이대로 가면, 한국 불교는 거대한 변화의 흐름에 의해 사라질 수도 있다. 이것은 비단 불교만의 문제가 아니라, 모든 종교에 해당하는 피할 수 없는 현상이다.

이대로 방관하면, 아마도 미래에는 AI가 종교를 대신해서 인간의 모든 고민거리를 상담하게 될지도 모르겠다.

나는 이미 여러 글에서 밝혔지만, 수행을 연구하면서 수행이 앞으로 미래의 첨단사업이 될 것이란 확신을 받았다. 여기에는 내가 에머슨 전공자라는 사실도 한몫하고 있다. 동서양의 종교사상을 통합한 에머슨의 초절주의는 미국의 발전에 지대한 영향을 끼친 바 있다.

그러나 에머슨의 통합사상은 물질문명과 정신문명의 완전한 융합을 이끌 수 없는 한계를 지니고 있다.

나는 석가모니의 수행법을 연구하면서, 그 원인이 어디에 있는지 알게 되었다. 그것은 서양의 철학, 종교, 과학 등으로는 인간의 의식을 완전히 해방할 수 없기 때문이다. 비록 에머슨이 서양의 한계를 동양에서 찾았지만, 인간의 의식을 완전히 해방하는 불교 수행의 실질적 의미를 알 수는 없었다.

지금 과학은 물질의 경계를 넘어 한편으로 천문학적인 거대 우주 공간으로, 다른 한편으로 극미한 초미립자 세계로 진입하고 있다. 과학이 극적으로 전환될수록, 관념과 물질 중심의 서양 교육이 한계를 드러내면서, 이분법적 세계관은 무너지고 있다.

물리학 이론 중에서 아인슈타인이 완성하지 못한 통일장 이론에서 물질과 관념의 한계를 벗어나려는 노력을 조금이나마 엿볼 수 있다. 아인슈타인의 이상향은 대우주를 하나로 연결하려는 취지에서 어느 정도 화엄 세계와 비슷한 일면이 있다.

한편 서양의 이분법적인 관념체계는 물질과학의 발전에는 크게 도움이 되었지만, 물질과학에 근거한 산업 문명은 빈부의 양극화를 극도로 심화시켰다. 한정된 부와 지위를 확보하기 위해 사람들은 서로 지나치게 경쟁할 수밖에 없다. 효율성이 떨어진 사람은 집단에서 소외되거나 낙오된다. 불균형이 심화하는 과정에서 많은 사회문제가 야기되기 마련이다.

우리 사회가 지금 혼란해진 근원적 원인도 물질 중심의 경제적 가치 체계에 너무 경도된 점에 있다.

정치적 분열의 원인도 경제적 문제와 연결된다. 밥그릇 문제가 원만하게 해결되지 않으면, 사회 혼란은 계속될 수 있다. 이 점에서, 미래의 종교는 단순히 정신적 위안에 그치지 말고, 진정한 대승경제 창출에 일조할 수 있는 세계관을 제공할 때, 그 의미가 있다. 그 해답은 정신문화에 있다.

바로 이 점에서, 불교의 수행법은 미래 첨단사업의 역량을 키울 수 있는 핵심 노하우를 담고 있다.

이제 인류는 좁은 지구에서 서로 싸우지 말고, 시선을 극대(極大)와 극소(極小)의 양 방면으로 전환할 때가 되었다. 우주적인 관점에서 보면, 우리 사회의 갈등은 너무나도 하찮은 사소한 분쟁에 불과하다. 반대로 미시적인 관점에서 보면, 석가모니의 말씀처럼, 나를 이루고 있는 고정된 주체는 없다.

불교는 현상과 본질의 양면에서 삶의 근원을 통찰하고 있다.

우리가 소중히 여기는 모든 것은 사실 오온(五蘊)의 작용으로 인한 일시적인 환상일 뿐이다. 무아(無我)가 우리의 중도실상이므로, 우리가 서로 죽일 듯이 싸우는 것은 모두 부질없는 일이다. 반면에 환영 같은 삶은 우리가 직면한 실존적 현실이기도 하다. 따라서 환상 같은 현실을 통찰하고 진실을 추구하는 수행법은 인공지능사회에서 실현될 가상세계에서 더욱 중요한 과제가 된다.

아무리 불교에 좋은 점이 많아도, 그것을 활용하지 못하면 공염불에 불과하다. 나는 수행에 관련한 사업을 통해 세상에 건강한 문화를 보급하는 것이 사회를 가장 안전하게 변화시키는 길이라고 확신하고 있다.

우리 사회를 바르게 변화시킨 연후에, 생활불교수행의 정신과 문화를 전 세계에 보급한다면, 인류의 평화와 공영발전에도 이바지할 수 있다. 무엇보다 이 일은 개인의 업(業)을 개선하는 데 탁월한 작용을 한다. 경전을 읽어보면, 해변의 모래와 같이 수많은 물질적인 불사의 공덕보다 단 한 마디의 반야의 지혜를 구하는 공덕이 더 크다고 누누이 강조하고 있다.

양 무제와 달마대사의 일화에서도 이 사실은 확인된다.

양 무제는 나름 불심이 깊어서 여러 곳에 절을 짓는 등 큰 불사를 했다고 자부했다. 은근한 기대심리로 그는 달마대사에게 자신의 공덕이 얼마나 큰지 물어보았다. 하지만 달마대사는 그의 기대와는 반대로 공덕이 전혀 없다고 했다. 물질적 공덕은 언제고 사라질 것이기 때문이다. 달마대사는 일종의 화두를 던진 것인데, 그는 그것을 이해하지 못했다. 사실 우리가 모두 이런 상태라고 해도 과언이 아니다.

수행문화에 관련된 불사는 반야의 지혜를 구하는 것과 직결된다.

따라서 이 일에 참여하는 사람들은 영원한 복을 짓는 것과 같다. 물질적 관념에 사로잡힌 현대인들을 깨우는 데는 석가모니의 지혜를 알려주는 콘텐츠나 프로그램에 불사하는 것이 바른 방향이다. AI가 주도하는 산업 측면에서도, 수행문화 콘텐츠는 경제적 가치가 가장 높다.

AI가 본격적으로 일상의 경제활동에 사용되면, 웬만한 전문직업은 AI가 대체할 수 있다. 그러나 인간의 깊은 생명의식에서 우러나오는 영적 각성과 관련한 활동은 AI가 대신하기 힘들다. 그중에서도 수행은 AI가 할 수 없는 마지막 영역이다. 무명(無明)을 밝히는 지혜를 찾는 길만이 어두운 시대를 살아내는 비결이다.

06. AI 시대를 대비한 생활불교 발전방안

우리나라 불교는 조선시대에 숭유억불(崇儒抑佛) 정책으로 사람들이 모여 사는 곳에서 밀려나 주로 산속 깊은 곳에서 명맥을 유지할 수 있었다. 지금은 도시에서도 제법 큰 절을 볼 수 있지만, 아직도 주요 사찰은 산속에 있다.

기독교가 산업사회 이후 크게 부응할 수 있었던 요인은 무엇보다 교회가 사람들과 직접 교감할 수 있는 위치에 설립되었고, 더불어 대중을 교화(敎化)할 수 있는 교육 시스템을 빠르게 갖추었기 때문이다. 현재는 지역 커뮤니티 시설이나 마을대학 등의 운영을 통해 더욱 대중 속으로 파고들고 있다.

반면에 한국 불교는 지리적 접근성도 떨어지고, 무엇보다 상대적으로 교육에 큰 투자를 하지 못했다. AI가 등장하면서, 묘하게도 대세의 흐름은 빠르게 바뀌고 있다. 산업 문명의 광풍(狂風)이 우리 사회에 많은 부작용을 일으키고 사람들의 건강한 삶을 위협하자, 이제는 역으로 생태적 조건이 좋은 사찰이 사회적 관심을 받고 있다.

이 기회를 잘 살릴 방법을 성찰해보자.

물질문명이 극에 이르는 특이점 시대 이후에는, AI가 일상의 많은 영역에서 인간을 대체할 것이다. 노자는 "사람의 재간이 늘어나면 기이한 물건이 갈수록 많이 생긴다(人多伎巧, 奇物滋起)."라고 말씀했는데, 이미 모든 영역에서 인간이 상상하기 힘든 것들이 급속도로 쏟아져 나오고 있다.

물질적 발전이 극대화될수록, 인간은 본심(本心)에서 더욱 멀어질 수밖에 없다. 본성을 상실한 인간은 AI 또는 그것을 조종하는 배후 세력의 노예가 되기 쉽다. 이러한 사태를 막기 위해서는 물질적 환경에서 잠시 떨어져서 자신을 성찰하고, 본심을 찾기 위한 정신적 노력이 필요하다.

나는 대학교수직을 그만두고 한동안 인생전환을 모색한 적이 있다. 이때 다시 길을 찾을 수 있었던 계기는 전국의 절을 다니며 내 삶을 반성하고, 새로운 의지와 지혜를 얻었던 수행과정이다. 설악산 봉정암, 오대산 상원사의 사자암, 영월 법흥사, 정선 정암사, 그리고 양산 통도사의 5대 적멸보궁은 물론이고, 단양에 있는 구인사도 가서 참배했다.

그 외에도 많은 사찰을 가보았다. 그 과정에서 1일, 3일, 7일은 물론이고 21일, 100일 정진도 해보았다. 또한, 화두 참선, 108배 참회기도, 지장 기도, 관음 기도, 다라니와 진언 염송, 염불, 포행 등 다양한 방법으로 수행을 했다.

하지만 뭔가 아쉽고 몸에 딱 맞지 않는다는 느낌이 있었다.

그 주된 원인은 한국의 불교 수행이 출가자 위주로 되어있기 때문이다. 재가자인 나로서는 주인이 아닌 손님이라는 느낌을 받을 수밖에 없었다. 반야연구소 소장으로서 본격적으로 불교 수행을 연구하면서, 나는 일반인을 위한 생활불교수행이 앞으로 미래사회뿐만 아니라 불교의 앞날을 위해서도 꼭 필요할 것이라는 확신을 하게 되었다.

AI 시대가 가까이 다가올수록 종교는 위기를 맞이하게 될 것이고, 불교도 예외는 아니다. 그러나 위기는 기회와 양면을 마주하고 있다. 위기를 기회로 전환하는 길은 불교의 핵심인 수행문화를 더욱 깊고 정밀하게 다듬고, 다양하게 구현하는 데 달려있다.

시간과 공간과 인간이 세상을 변화시키는 3대 요소다. 모든 요소에서, 불교는 새로운 전기를 맞이할 수 있는 상황이 되고 있다. 시간적 요소에서, AI가 빠르게 진전시키고 있는 융합문명사회에서는 물질의 한계를 보완하는 정신문화가 시대적 요구이자 흐름이다.

공간적 요소에서, 우리 사회는 지방의 인구감소로 도농 간의 균형이 무너진 상태다. 도시의 팍팍한 생활환경을 개선하고 농촌 지역을 살릴 수 있는 유일한 길은 생활문화에 수행문화를 접목해서, 도농융합 생활시스템을 개발하고 6차 산업형 건강교육문화 융합생태계를 조성하는 데 있다.

마지막으로 가장 중요한 인간적 요소에서, 인공지능사회를 대비할 수 있는 새로운 인재를 양성해야 하는 절박한 상황에 놓여있다. 우리 사회의 인구문제를 단순히 출산율을 높이는 정책으로 해결할 수 없다. 보다 근원적으로 생각해볼 문제이다. 인적 자원에 대해 새로운 시각을 지닐 필요가 있다.

나는 새로운 인재를 신인류라고 부른다.

신인류는 이전 시대의 사람들과 전혀 다른 가치관과 더불어 새로운 생활문화를 갖게 될 것이기 때문이다. 신인류와 함께 특이점 시대를 맞이할 과도기의 구세대를 위해서도, 새로운 시대에 맞는 생활문화 시스템을 개발할 필요가 절실하다.

나는 이 점에서 3가지 대안을 준비하고 있다.

인간교육원, 수행건강마을, 그리고 건강교육문화 융합플랫폼을 계획 중이다. 인간교육원을 통해 동서융합시대의 균형 인재를 양성하고, 수행건강마을을 통해 생활습관을 바르게 개선하고 동시에 새로운 시대에 맞는 융합 라이프 시스템을 개발하고자 한다.

마지막으로 건강교육문화 융합플랫폼을 통해서, 인간교육원과 수행건강마을에서 개발되고 입증된 수행교육문화 콘텐츠를 우리 사회뿐만 아니라 전 세계에 보급할 예정이다.

3가지 대안을 먼저 생태적 환경이 좋은 절이나 전원 지역에서 실험해보면 좋겠다.

예를 들어, 템플스테이를 통해 수행, 건강, 그리고 교육을 아우르는 융합문화 콘텐츠와 프로그램을 개발하고 보급하면, 불교의 발전뿐만 아니라 우리나라의 지속 가능한 발전에 큰 도움이 될 것이다.

현재 출가자뿐만 아니라 일반 신도가 급감하고 있는 현실이다. 이미 관리하기 힘든 사찰이 나오고 있다. 문제가 크게 터지기 전에 예방하는 것이 상책이다. "명마는 회초리의 그림자만 보아도 달린다."라고 석가모니는 말씀했지만, 우리의 불교 현실은 고통을 당하고 있는데도 변화의 기색이 많지 않은 것 같다. 불교의 혁신이 어느 때보다 절실한 시점이다.

무엇보다 먼저 절의 수행 시스템을 새롭게 정비해야 한다.

이 과정에서, 출가수행자와 재가수행자 사이의 역할분담을 새롭게 조율하는 것이 바람직하다. 예상되는 시행착오를 막기 위해서는, 출가자와 재가자를 연결하는 가교역할이 돼줄 적당한 공간과 더불어 생활불교를 위한 수행과 교육 프로그램을 마련해야 한다. 범불교 차원에서 사람들이 접근하기 좋은 적당한 사찰을 선택해서, 생활수행의 전문 도량으로 활용하는 용단과 지혜가 필요한 시점이다.

템플스테이의 운영 방식도 완전히 바꿀 필요가 있다.

스님이 주인이 되어 일반 대중을 손님으로 맞이하는 지금의 방식만으로는 출가자와 재가자의 벽을 허물 수 없다. 재가 수행자들이 스스로 주인이 되어 서로 협력하고 이끌어주는 체계가 마련될 때, 온전한 생활불교수행이 이루어질 수 있다. 그렇게 되면, 그들 중에서 더 높은 단계로 올라가기 위해 출가하는 전문 수행자가 자연스럽게 나오게 된다.

이와 같은 선순환 과정을 통해 불교의 인적 네트워크는 더욱 풍부하고 단단해질 것이다. 사부대중이 승가를 이룬다는 점에서, 출가와 재가의 경계는 사실 의미가 없다. 특히 대승불교를 지향하는 한국불교는 경계를 넘어 소통하고, 미래융합사회에 맞는 불교의 수행과 교육 시스템을 새롭게 융합할 사명이 있다.

템플스테이의 프로그램도 또한 많이 개선할 필요가 있다.

지금의 템플스테이는 단순한 휴식이나 채식, 또는 가벼운 명상을 체험하기 위한 정도가 대부분이다. 혹은 특별한 경우에, 자신과 가족의 건강과 행복을 빌기 위해 절에 잠시 머무는 수준이다. 이 정도의 수행으로는 인간을 변화시키는 데 한계가 있다.

불교가 새롭게 탈바꿈하고 동시에 세상을 변화시키는 원동력이 되려면, 템플스테이에 수행문화를 접목한 보다 다양한 교육과 문화 프로그램이 개발되어야 한다. AI 시대에 살아남기 위해선 신인류를 양성하는 수행도량으로 완전한 탈바꿈이 필요하다.

가장 바람직한 변화는 불교의 핵심 가르침을 통해 생활습관인 업(業)을 근본적으로 바꾸는 데 있다. 내가 '정업(正業) 프로그램'을 주장하는 이유이기도 하다. 앞서 〈미래종교로서 불교〉에서 지적했듯이, 팔정도(八正道)에 생명과학, 뇌과학, 첨단 심신의학 등을 융합해서 인공지능사회를 대비하는 프로그램을 만들 수 있다.

한편 업(業)을 바꾸는 일은 단기간에 가능한 일이 아니다.

그러므로 장기적인 관점에서 프로그램의 운영도 필요하다. 앞으로 AI가 본격적으로 모든 산업에 도입되면, 주 4일이나 4.5일 근무체제가 가능해진다. 그보다 더 단축된 근무도 가능할 수 있다. 또한, 초고속 교통망의 발달로, 도농통합형 생활이 본격 도입될 수 있다. 이러한 변화에 맞춰 주말에 정업(正業) 프로그램을 주기적으로 운영하고, 단계적으로 업(業)을 청정하게 전환하는 시스템을 갖추면 된다.

사찰에서 실증된 생활수행 시스템을 인근 지역에 보급하면, 농촌 공동화와 인구감소의 문제를 동시에 해결할 수 있다. 수행을 중심으로 건강, 교육, 문화, 그리고 관련 사업을 융합하면, 우리나라가 수행정신문화의 세계 중심이 될 가능성도 크다.

나는 여러 글에서 불교계의 발전 방향을 제시해왔다.

이제 단순히 의견을 제시하는 차원을 넘어, 실천에 옮길 때가 왔다. 그런 시도의 하나로 인천 대복사에서, 생활수행에 관해 특강을 했었다. 2024년는 11월과 12월 두 차례에 걸쳐, 이 시대에 수행이 필요한 이유를 설명했다. 11월 24일 1차 특강의 주제는 〈AI 시대 어떻게 살 것인가〉였고, 12월 22일의 주제는 〈수행과 건강한 삶〉이었다. 비록 모인 사람들은 20여 명에 불과했지만, 큰 호응을 받고 새로운 시대를 여는 생활불교의 가능성을 느꼈다.

연이어 2025년 1월 5일에는 〈수행문화와 지역발전방안〉을 발표했다. 수행문화를 활용해서, 농촌/도시 문제, 인간교육문제, 사회갈등문제, 장례문제, 물질과 관념의 한계를 넘는 융합창의력 향상 등을 해결할 수 있음을 설명했다.

구체적인 방법론으로 수행콘텐츠 불사, 요람에서 무덤까지 인생전환기 수행프로그램, 팔정도 기반 유아교육프로그램, 정업(正業)프로그램, 웰리빙/웰다잉 프로그램, 템플스테이 프로그램의 다원화/전문화, 예방의학 차원의 주기적 건강관리프로그램, 장단기 수행프로그램, 수행건강마을 조성프로그램, 수행공동체 융합플랫폼 등을 제시했다.

2주 후인 1월 19일에는 이 중에서 현재 주어진 상황에서 실현 가능한 한두 가지에 관해 구체적인 실행방안을 설명했다. 그중에서 핵심은 작복불사(作福佛事)에 관한 내용이다. 이에 관한 자세한 내용은 별도의 장에서 다루고 있다.

2025년 12월 21일에는 〈AI 시대와 수행(修行)〉이란 주제로, 문명전환에 대비해서 생활수행의 방법과 수행문화의 보급에 관한 특강을 했다. 에머슨이 19세기에 미국의 당면한 문제를 풀기 위해 '초절주의 클럽'을 구성했듯이, 지금 우리 사회의 위기를 발전의 전환점으로 삼기 위해 보편적 수행문화에 뜻을 둔 사람들이 함께 모일 필요성을 역설했다. 더불어 조직 구성의 절차와 향후 계획을 설명했다.

모든 사업을 한꺼번에 할 수는 없다.

실현 가능한 것을 선별해서 단계적으로 실천해야 한다. 우선 강연, 수행문화 불사 등을 통해 뜻이 있는 분들을 모을 필요가 있다. 진정으로 공익을 위하는 사람들이 10명만 모여도, 사회를 변화시키는 데는 충분하다.

올곧은 울림은 우주를 관통하여 퍼지는 법이다.

하나의 사업에 중점을 두고 모델링을 충분히 한 후에, 수행문화 콘텐츠와 프로그램을 전국에 보급하면 된다. 이런 방식으로 사업을 확대하면, 모든 프로그램을 실현할 수 있다. 모델링 사업은 나중에 공익법인으로 전환해서 사회에 환원하면, 대승경제로 화엄의 세계를 이룰 수 있다.

인구문제와 연관된 사회문제 해결에도 수행문화를 접목할 수 있다.

현재 베이비붐 시대에 태어난 사람들은 대거 은퇴하고 있다. 문제는

AI 시대의 전환에 맞게 은퇴자들을 준비시키는 제도적 장치가 거의 없다는 점이다. 물질문명을 보완하고 정신문명을 준비하기 위한 교육공간으로, 절은 하나의 대안이 될 수 있다. 은퇴자뿐만 아니라 전국에 자발적 은둔 청년이 60만에 가깝다는 통계도 있다.

장단기 출가프로그램을 통해 이들에게 새로운 생명력과 삶의 지혜를 줄 수도 있다. 정업 프로그램을 전국 사찰에 보급하면서, 6개월 미만의 단기 출가나 1년 이상의 장기 출가를 할 수 있는 제도적 장치를 마련하면 좋겠다. 그와 동시에 사회적 공감대를 불러일으키는 일도 중요하다.

장단기 출가의 사례는 이미 외국에 있다.

불교가 융성한 동남아시아 지역에서는 결혼하기 전의 젊은 남성들이 일정 기간 출가하고, 다시 환속하는 전통이 있다. 특히 미얀마에는 이런 전통이 잘 발달해 있다. 일정 기간 출가를 통해 절제된 생활습관과 바른 식견을 갖출 수 있는 장점 때문에, 출가 경험이 있는 사람들은 사회에서 존중을 받는다.

유대인의 정신문화 교육에서도 비슷한 사례를 찾을 수 있다.

유대인 남자들은 결혼 직후 예시바(Yeshivah)라는 전통적인 교육기관에서 1년 동안 머물며, 토라와 탈무드를 학습하고 토론한다. 유대민족 방식의 집중수행을 통해, 새로운 가정을 꾸미는 젊은이들은 그들의 고유한 정신문화를 계승하고, 전체 유대공동체와 하나로 강력하게 결합하게 된다.

우리는 고조선부터 내려오는 수행정신문화의 전통이 있다.

비록 그 전통이 거의 사라졌지만, 생활불교 수행문화를 통해 정신문화를 다시 새롭게 구현할 수 있다. 앞서 〈불교와 수행문화 전통의 회복〉에서 설명했듯이, 산스크리스트어 경전이 한문 경전으로 번역되는 과정에서, 고조선에서 시작된 선도, 도교, 유교 등의 정신문화가 불교와 융합되면서 수행문화가 더욱 깊고 넓어졌었다.

더욱이 한국 불교는 우리 민족정신을 대표하는 종교로서, 우리의 전통신앙과 하나가 된 지 오래다. 우리 민족의 수행문화 전통을 되살리는 길은 융합문명 시대의 연기적 상황에 맞게 불교의 수행 정신을 확장해서, 모든 종교를 통섭하는 일이다.

모든 종교는 급변하는 흐름 속에서 살아남기 위해 몸부림치고 있다.

한국 기독교는 빠르게 교육 시스템을 갖추고 목회자를 대거 양성함으로써 급속도로 발전했다. 그러나 조급한 목회자 양성과 무분별한 교회 설립으로 교화의 수준이 떨어졌다. 결국, 교육의 질과 교세 확장의 균형이 무너졌다. 이 점을 반면교사로 삼을 때, 생활불교는 사회와 조화를 이루며 발전할 수 있다.

07. 수행과 업장소멸

미국의 정신을 확립한 에머슨은 삶을 제한하는 환경을 운명이라고 보았다. 운명을 수용하고 대항하는 양면적 태도로, 그는 운명의 굴레에서 벗어나고자 했다. 그의 처세론은 운명에 맞서 대항하는 쪽에 중심이 있다. 그의 정신은 미국의 프로티어 정신과 통한다.

운명에 저항하는 '엄청난 반항정신'에 바탕을 둔 그의 자립정신은 미국의 젊은이들에게 큰 정신적 에너지를 제공했고, 미국이 짧은 기간 안에 초강대국이 될 수 있는 원동력이 되었다. 예를 들어, 자립정신은 IT산업의 강한 원동력으로 작용했다. 스티브 잡스, 일런 머스크 등은 에머슨의 자립정신에서 큰 영감을 받았다.

비록 균형과 조화를 강조했지만, 에머슨의 운명관은 물질과 정신의 이분법적인 투쟁과 합일을 전제한다. 동양의 정신문화에서 볼 때, 운명을 보는 그의 관점은 상대적으로 물질 중심이다. 성인(聖人)들의 말씀 속에는 물질과 정신의 경계를 넘어 운명의 속박을 벗어나는 길이 있다.

특히 석가모니의 말씀을 통해, 나는 운명의 실상을 알게 되었다.

석가모니가 설파했듯이, 나란 존재는 오음(五陰), 즉 색수상행식(色受想行識)의 인연화합으로 이루어진 일시적인 존재다. 여기에서 알 수 있듯이, 나를 이루는 부분은 물질적 측면보다는 정신적 영역이 대부분을 차지하고 있다. 우주 대부분이 알 수 없는 암흑에너지와 암흑물질로 구성된 양상과 다르지 않다.

오온(五蘊)으로도 불리는 오음의 인연 상태가 업(業)이다.

나는 특별한 실체로서 있는 것이 아니라, 업의 상태 변화로 존재할 뿐이다. 나를 찾고자 하면, 영원히 나를 찾을 수 없는 이유는 내 실체가 고정되어 있지 않기 때문이다. 더군다나 오음이 작용하는 양상은 사람마다 차이가 있고, 완전한 조화와 균형을 이루고 있지 못한 상태에서 변하고 있다.

의식의 여러 차원인 수상행식(受想行識)이 변화하면, 의식의 파동은 달라진다.

물리학에서 파동이 입자에 우선한다는 사실이 밝혀졌듯이, 업의 에너지 파동은 그에 맞는 색(色), 즉 몸을 구성한다. 어제의 세포가 오늘의 세포와 다르듯이, 업의 상태는 끊임없는 변화의 과정에 있다. 고정된 관념체계로는 나를 찾을 수 없는 이유가 여기에 있다.

이 점에서, 무아(無我)는 존재의 양상이자 수행의 핵심이다.

따라서 운명으로부터 자유로운 삶을 산다는 것은 '무아의 나'로 서 업을 이해하고, 업의 굴레에서 벗어나는 일이다. 운명은 카르마 (Karma), 즉 업의 작용이기 때문이다. 업은 실체가 아니라, 업력(業 力)의 파동 흐름이다.

오음의 부조화 정도가 업장(業障)이다.

업장을 해소하는 일이 수행의 기본적인 목표라고 할 수 있다. 누구 나 한 번쯤은 자신이 처한 운명의 굴레에 관해서 의문을 품고, 깊은 고뇌에 빠진 적이 있을 것이다. 나 또한 예외가 아니었다. 나는 내 인 생을 반성하고 새로운 삶을 모색하는 차원에서 성인의 말씀을 정리 하고 있다. 이 일은 업을 소멸하는 길을 찾는 나만의 방식이기도 하 다.

운명의 실체는 별도로 존재하지 않고, 다만 업만이 현행(現行)한다.

그러므로 각자 자신의 인연에 맞게, 불성을 가리는 업장을 소멸하는 방법을 찾아야 한다. 업장을 해소하는 가장 좋은 방법은 수행이다. 달리 말하면, 운명을 개선하는 가장 효과적인 방법은 수행이다. 생 명의 연기적 관계를 조화롭게 하는 일이 수행의 주된 목표라는 점에 서, 수행은 업을 직접 해소할 수 있다. 운명개선에 관한 온갖 방법론 이 있지만, 수행보다 근원적인 방법은 없다.

앞으로 인간이 AI와 상대해서 주체성을 유지하기 위해서는, 수행을 통해 정신 능력을 고도로 높이는 수밖에 없다. 하지만 안타깝게도 재가자를 위한 생활불교수행은 우리의 사찰 시스템 안에는 드물다. 무엇보다 자율적으로 운명을 전환하는 수행문화가 부족하다.

업장소멸의 방편으로 사십구재, 천도재, 지장재 등과 같은 다양한 재사(齋祀) 정도가 있을 뿐이다. 재사는 주로 작고한 분의 영혼을 천도하는 의미가 담겨있다. 죽은 사람이 아닌, 살아있는 사람을 위한 업장소멸 시스템이 필요하다.

지금의 재사는 스님이 일방적으로 재문(齋文)을 낭독하며 예식을 진행하는 방식이다.

정작 당사자들은 이해하기 어려운 말을 듣고, 복잡한 예식을 따라 하는 수준이다. 재사의 참뜻을 모르고 재사에 참석한다면, 업장소멸이 이루어질 수 없다. 절의 재정수입 대부분이 각종 재사에서 나오기 때문에, 한꺼번에 시스템을 전환하기는 힘들다. 그러나 방법은 있다.

재사의 중심을 산 사람으로 전환하면 된다.

예를 들어, 천도재의 의미를 새롭게 부여할 수 있다. 가족은 업을 공유하는 동업중생(同業衆生)이다. 비록 고인은 세상을 떠났지만, 고인의 업식(業識)은 살아있는 가족의 몸과 마음에 고스란히 남아있다. 남겨진 업을 정화하는 데 천도재의 진정한 의미가 있다.

조상은 자신의 심신 속에 업으로 존재하므로, 조상을 진정으로 잘 모시는 방법은 자신의 업을 청정히 관리하는 일이다.

따라서 재사에 참석할 때는 목욕재계의 태도로 임해야 한다. 심신을 정갈히 하고, 부정한 일을 피하는 정신 자세는 자신의 업을 청정하게 만드는 가장 기본적인 요소다. 업장소멸은 의식의 흐름이 불법의 이치에 따라 매임 없이 전환되는 것을 의미한다.

나는 의식전환의 경험을 몇 번 해본 적이 있다.

그중 한 번은 내가 대학의 교수직을 그만두고 다른 일을 모색할 무렵, 논산 상월면에 있는 백련사에서 지냈던 천도재다. 당시 나는 그 절에서 지장 기도와 관음 기도를 이른바 사분정근(四分精勤)으로 몇 주에 걸쳐서 했었다. 2시간씩 하루에 네 번 나름으로 정성을 다해 기도를 드렸다. 사실상 수행을 한 셈이다.

주지스님이 나의 태도에 감동했는지, 천도재를 지내주겠다고 했다. 당시에는 형편도 좋지 않아서, 내가 직접 몇 가지 과일과 필요한 최소의 물품을 사서 천도재를 올릴 수 있도록 절에서 배려했다. 천도재 이후에 심신이 청량해지는 느낌을 한동안 받았고, 내 운명의 방향은 점차 서서히 바뀌기 시작했다.

또 다른 인생전환의 계기는 천도재가 아닌 본격적인 수행이었다.

반야연구소 소장으로 수행을 연구하던 때인 2011년 여름에, 용인에 있는 백련사에서 21일간 공식적으로 사분정근 수행을 했었다. 이 절의 이름도 백련사인 점이 묘하지만, 이때부터 내 운명은 생활수행으로 크게 전환되었다. 아직도 업장소멸의 길은 멀지만, 방향은 분명해졌다.

심신을 청정히 유지하는 태도가 일상에서 완전히 체득될 때, 업장은 깨끗이 소멸한다.

나는 불교를 본격적으로 연구하면서 석가모니가 제시한 팔정도(八正道) 수행법이 생활불교수행으로 가장 적합하다는 결론을 내렸다. 일상에서 업을 개선하는 가장 좋은 방법은 신구의(身口意) 삼업(三業)을 청정하게 유지하는 일이다.

이 점에서, 정견(正見), 정사(正思), 정어(正語), 정업(正業), 정명(正命), 정정진(正精進), 정념(正念), 그리고 정정(正定)을 하나로 연결된 수행체계로 만들고, 시대의 흐름에 맞게 생활 속에서 팔정도가 구현되는 시스템을 갖추어야 한다.

업의 실상을 머리로 이해하는 사람은 드물지 않지만, 업의 굴레에서 벗어나 완전한 대자유를 체득하고 있는 사람은 거의 없다.

내가 생활수행을 일대 사업으로 추진하려는 이유는 나 스스로 깨달음을 조금이나마 직접 체득하고 싶고, 수행문화를 우리 사회, 나아가 인류사회와 공유하기 위함이다. 《천수경》의 〈예불문(禮佛文)〉에 나와 있는 "나와 타인이 동시에 불도를 이룬다(自他一時成佛道)."라는 말씀은 불교가 꿈꾸는 이상향이자, 실질적인 현상이다. 위 없는 깨달음의 순간에 이르면, 우주 만물이 불성(佛性)을 지닌 존재로 마침내 드러나기 때문이다.

'영적이지만 종교적이지는 않은(Spiritual but not religious)' 태도가 전 세계적으로 젊은 세대의 정신적 트렌드다.

젊은이들 사이에 뉴진스님의 열풍이 분 것도 이러한 시대적 흐름과 연관이 있다. 영적 해방구를 찾는 젊은이들을 불교로 계속 인도하기 위해서는, 형식과 내용의 실질적인 조화가 중요하다. 내용이 없는 파격적인 형식은 일시적인 위안에 불과하기 때문이다.

다른 종교처럼, 한국 불교도 지금 커다란 위기에 놓여있다. 위기에 처해 있을 때는 빠른 판단과 결단이 생명을 살린다. 이 점에서, 가장 근본적이고 시급한 몇 가지 해결책을 제안하겠다.

첫째, 빨리어로 된 초기 경전 니까야와 한문으로 번역된 대승 경전 중에서, 핵심 내용을 추려서 한글로 쉽게 풀어야 한다.

내가 한문 경전을 중시하는 이유는, 앞선 칼럼에서 밝혔듯이, 한문 경전 속에 고대 동아시아의 수행문화가 하나로 융합됐기 때문이다. 한편 훈민정음의 창제원리에서 볼 수 있듯이, 한글은 한자를 가장 잘 표현하는 문자 체계를 지니고 있다. 한글은 인터넷 시대에 가장 효율적인 소리 문자라는 사실이 세계 언어학자 사이에서 입증되었다. 한글로 표현된 경전과 수행문화는 앞으로 전 세계의 정신문화를 주도할 수 있는 잠재력을 지니고 있다.

둘째, 복잡한 종교예식을 단순하고 참여 가능한 활동으로 전환하는 작업이 필요하다.

이 과정에서 소승불교와 대승불교를 아우르고 조화시키는 일이 병행되어야 한다. 소승과 대승의 갈등보다는, 소승과 대승의 장점만 추리는 일이 현명하다. 내용과 형식 양면에서 사부대중이 함께하고, 소승과 대승의 경계를 넘는 포용력과 탄력성을 지닐 때, 한국 불교는 세계 종교를 선도할 수 있다.

셋째, 현재 이 세상에는 독소가 가득하다. 업장소멸의 일차 관문은 심신에 쌓인 독소를 제거하는 일이다.

수행은 디톡스(Detox)의 방법 중에서 가장 근원적인 해결책이다. 먼저 환경오염으로 인해 몸에 쌓인 독소를 해소하고, 나아가 사회의 소통을 가로막고 있는 심리적 독소를 제거하는 것이 순서다. 이 점에서, 모든 종교를 통섭할 수 있는 보편적 수행문화가 시급하다. 한국 불교가 앞장서서, 참회, 용서, 그리고 자비를 통해 사회 곳곳에 쌓인 독소를 해소하는 보편적 수행문화를 개발해야겠다.

세계의 영적 흐름 속에서, 수행문화는 삶의 중심을 잡는 역할을 할 수밖에 없다.

이러한 흐름에 대비하지 않는 종교는 앞으로 살아남기 힘들다. 특히 불교는 인류의 업장을 소멸하는 체계를 확립하는 데 시대적 사명이 있다. 영성의 시대에 불성이 빛을 발휘할 수 있는 내용을 시스템화 하고 콘텐츠로 만들어서, 수행문화로 보급하는 일이 절실하다. 불법은 진리 그 자체이기 때문에, 생활불교 수행문화 속에 불법을 녹여낸다면, 인류사회의 평화와 발전에 크게 이바지할 것이다.

생활수행이 최첨단 미래 사업의 원동력을 만들 수 있는 이유이기도 하다.

08. 진리는 방석 위에 있지 않다

종교에는 두 가지 중요한 기능이 있다.

하나는 신앙적 믿음을 통해 한 치 앞도 내다볼 수 없는 존재의 불안을 해소하고, 자신의 소임에 집중할 수 있는 기능이다. 다른 하나는 성인(聖人)이 설한 진리의 말씀에 따라 진실한 삶을 살아가고, 자기 발전을 지속해서 이루는 일이다.

보통 이 두 가지 기능이 서로 시너지효과를 내면서, 우리를 깨달음의 세계로 인도한다. 그러나 진리에 이르는 과정은 그리 녹록하지 않다. 가장 큰 이유는 성인의 말씀들이 시대의 변천에 따라 달리 해석되고, 심지어 왜곡되었기 때문이다. 더불어 성인의 말씀을 자기중심에서 아전인수(我田引水) 격으로 해석하기 때문이다.

완전한 깨달음의 길은 아득히 멀다.

바른 법에 관해 조금이라도 오해가 생기면, 시작은 미미한 차이라도 장래에는 천문학적인 격차로 진리에서 멀어질 수 있다. 이 때문에 석가모니는 팔정도에서 정견(正見)을 제일 먼저 말씀했다. 물론 〈수행과 업장소멸〉에서 설명했듯이, 처음부터 완전한 정견이 갖춰지는 것은 아니다.

팔정도 수행을 지속해서 반복하면서 팔정도 전체가 온전하게 삶 속에서 구현될 때, 정견은 완성된다.

불교에 입문하는 초기에 정견의 기초를 세우는 일은 매우 중요하다. 이때 불법에 눈이 밝은 선지식의 도움을 받을 수 있으면, 큰 복이라고 할 수 있다. 그러나 말법의 시대에는 선지식을 찾기 힘들다. 선지식이 있다 해도, 그분의 설법을 제대로 이해하고 절에 다니는 사람은 드물다.

대개는 소원성취 기도를 하거나, 제사를 위탁하기 위해 절에 간다.

요즘은 템플스테이가 유행하므로, 잠시 쉬러 가는 경우도 많다. 그 과정에서 절에서 하는 참선을 잠시 맛보는 정도다. 그러나 참선에 대한 바른 이치가 서 있지 않으면, 효과는 거의 없다. 겉모습을 볼 때는 뭔가 진리를 탐구하는 것 같지만, 실상은 앉아서 '멍때리는' 경우가 대부분이다.

멍때림은 심신을 잠시 휴식하는 효과를 줄 수는 있다. 그러나 멍때림은 좌선의 진정한 목적인 깨달음과는 거리가 지극히 멀다.

참선이 삶을 변화시키는 원동력이 되려면, 수행에 대한 바른 견해를 지녀야 한다. 선지식이 주변에 없다 해도, 다행히 지금은 정보통신 기술의 발달로 불법에 관한 정보를 쉽게 찾을 수 있다. 문제는 그 정보가 과연 옳은 내용인가 하는 점이다.

근기가 좋은 사람들은 핵심을 파악하고, 스스로 깨달음의 길을 갈 수도 있다.

하지만 대부분 사람은 그렇지 못하다. 불법을 만나기도 힘들지만, 그것을 이해하고 실천하기는 더욱 힘들다. 불법을 이해하기 힘든 원인에는 여러 가지 요인들이 있다. 이 부분을 먼저 파악하는 것이 불법을 배우는 데 도움이 된다.

앞서 〈소승과 대승의 경계를 넘어〉에서 지적했듯이, 석가모니의 말씀은 소승과 대승으로 나뉘어 오랜 세월 동안 전승되는 과정에서, 관점의 차이로 인해 크고 작은 견해의 차이가 생겼다. 따라서 수행법도 소승, 대승, 종파 등에 따라 천차만별의 차이를 보인다.

그리고 무엇보다 석가모니의 설법은 대기설법(對機説法)이었다.

석가모니는 진리의 법을 중생의 근기에 맞게 달리 말씀했다. 당사자는 자신의 정곡을 찌르는 말씀을 듣고 바로 해탈을 할 수 있었다. 그러나 우리는 그 당사자가 아니다. 시대와 공간의 차이가 있고, 우리의 근기가 다르다. 개인의 인연사를 무시한 수행은 온전한 열매를 맺을 수 없다.

명상을 하나의 사업으로 삼을 때에, 문제는 더욱 클 수 있다.

각종 교육 단체나 기업에서 임직원 교육에 여러 종류의 명상을 도입하고 있지만, 진정한 효과를 볼 수 없는 것은 명상이 온전한 깨달음을 위한 것이 아니기 때문이다. 일시적인 심신의 휴식, 감정적인 위로, 생산성 향상을 위한 수단으로 전락하면, 명상은 괴물 같은 존재를 만드는 수단이 될 수도 있다.

다양한 첨단 장치나 방법을 활용해서 명상의 방식과 형태가 갈수록 세련되어지고 있지만, 실제 내용을 보면 성인(聖人)들의 근본정신과는 거리가 멀다. 이것은 명상단체나, 심지어 종교단체에도 해당하는 엄중한 문제다.

명상이 악용되는 실례를 여러 곳에서 찾을 수 있다.

대표적인 예로, 한때 세계적인 명상가로 유명했던 오쇼 라즈니쉬(Osho Rajneesh)의 사례를 들 수 있다. 그는 명상을 사업의 수단으로 삼았다. 그 결과, 그를 따르는 명상단체는 각종 부조리와 범죄의 온상이 되었다. 명상을 통한 신비체험이 일종의 환각제로 작용하면서, 추종자들은 바른 삶의 도리를 망각하고 퇴폐적인 행동을 일삼았다. 심지어 살인까지 서슴지 않았다. 결국, 이 단체는 불법 단체로 법의 심판을 받았고, 오쇼 자신도 불행하게 생을 마감했다.

어떤 명상도 수행의 바른 도리가 없이 종교화, 사업화되면 벌어지는 현상이다. 본질적인 원인은 폐쇄적인 경계 안의 명상과 기도가 불러오는 패악이다. 평범한 일상의 도리를 바로 세우는 수행이 중요한 이유는 여기에 있다.

이 점에서, 수행은 화엄 세계의 이치에 맞게 생명의 보편 정신을 구현해야 한다. 따라서 수행이 제 기능을 하려면, 대서원(大誓願)을 세우고, 단계를 제대로 밟아가면서, 불굴의 정신으로 깨달음의 목적지를 향해 가야 한다. 무엇보다 초발심의 내용이 중요하다. 마음에 심은 종자(種子)에 따라, 인연의 꽃은 달라지는 법이다.

"초발심이 바로 정등각이다(初發心時便正覺)."라는 《법성게》의 말씀은 이러한 이치에 근거한다. 이 점에서, 진리를 추구하는 수행자는 사홍서원(四弘誓願)을 늘 마음속에 되새기며 자신의 마음 자세를 가다듬을 필요가 있다.

"중생이 끝없이 많지만 모두 제도하겠습니다(衆生無邊誓願度). 번뇌가 다함이 없지만 모두 끊겠습니다(煩惱無盡誓願斷). 법문이 한량없지만 모두 배우겠습니다(法門無量誓願學). 위 없는 불도를 모두 이루겠습니다(佛道無上誓願成)."

나는 고등학교 시절에 정신적으로 큰 방황을 했다. 그때 여러 종교를 다녀봤지만, 마음은 가라앉지 않았다. 그러던 차에 인천에 있는 한 선원에서 참선하면서, 내 마음은 평온해지기 시작했다. 그 기운을 받아 나는 당시 내가 기거하던 다락방을 화장선원(華藏禪院)으로 삼고, 나름의 수행을 한동안 한 적이 있었다.

그때 사홍서원과는 조금 다르지만, 나는 모든 불보살과 함께 중생구
제에 나서겠다는 야무진 서원을 했다. 아마도 그 당시 심은 수행의
인연 종자로 인해, 내 인생은 여러 과정을 거쳐 본격적인 생활수행
의 길로 접어든 것 같다.

우리가 명상하는 진정한 목적은 완전한 깨달음을 얻기 위한 것이다.
불교의 참된 가치는 방석 위에 머문 선정이 아닌, 생동하는 생명의
지혜에 있다. 이에 관한 의미심장한 일화가 《법화경》〈화성유품(化
城喩品)〉에 나온다.

"대통지승불은 십겁을 도량에 앉아 있었지만, 불법이 드러나지 않아
불도를 이룰 수 없었다(大通智勝佛, 十劫坐道場, 佛法不現前, 不得
成佛道)."

과거불인 대통지승불은 좌선을 통해 신묘한 지경에 들어가, 수명의
제한을 받지 않고 십겁이라는 장구한 시간 동안 선정에 들 수 있었
다. 하지만 아무리 오래 앉아서 마음을 집중해도, 불도의 도리를 깨
칠 수 없었다. 선정만으로는 지혜가 드러나지 않기 때문이다.

도(道)는 방석 위에 머물지 않는다.

대통지승불의 일화에서 알 수 있듯이, 선정의 목적은 신통이 아닌

완전한 지혜를 얻기 위한 수단으로서 중요하다. 팔만대겁을 선정에 든다 해도, 생명의 지혜가 없다면 아무런 의미가 없다. 선정을 바른 길로 안내하는 이정표는 경전의 말씀이다.

선교쌍수(禪教雙修)는 깨달음으로 가는 좌우의 날갯짓과 같다.

시절 인연에 따라 어느 하나에 집중할 수는 있지만, 수행이 한쪽으로만 치우치면 바른 방향으로 나아갈 수 없다. 선교(禪教)의 선후(先後)를 따지거나, 중요도의 비중을 따지는 것은 부질없는 일이다. 다만 인연의 선후는 있을 수 있다. 그러나 결국에는 선(禪)을 통한 정(定)과 교(教)를 통한 혜(慧)가 하나가 될 때, 수행은 완성된다.

그러므로 석가모니와 성현(聖賢)의 말씀을 항상 수행의 동반자로 삼는 것이 바람직하다.

경률론(經律論)을 읽을 때는 전체적인 맥락에서 중점이 어디에 있는가를 살피는 일이 중요하다. 소승 경전과 대승 경전 전체를 아우르는 관점을 먼저 갖춘 다음에, 세세한 부분의 의미를 파악하는 방향이 옳은 길이다.

생활수행의 중심을 세우는 데도 중도의 이치는 핵심원리로 작용한다. 그러므로 삶의 모든 영역에서, 전후, 좌우, 상하 등의 맥락을 융회관통(融會貫通)하는 노력을 항상 기울여야 한다. 그 과정에서 중도의 원리와 방법을 체득할 수 있다.

앞으로 사찰은 출가자 위주의 수행처에서 탈피하고, 세상과 적극적으로 소통하는 구조가 될 때, 인류사회의 앞날을 밝히는 빛이 될 수 있다. AI로 인해 미래사회는 세간과 출세간의 경계가 사실상 사라지게 된다. AI가 촉발하고 있는 융합문명의 시대에는 세간과 출세간을 융합하는 출출세간(出出世間)의 시대가 열릴 수 있다.

특이점 시대가 멀지 않았다.

출가수행자와 재가수행자가 함께 새로운 시대를 대비할 때다. 지금 AI 시대를 대비하지 않는다면, 앞으로 사찰의 기능이 매우 축소될 수밖에 없다. 이것은 모든 종교에 해당한다. 모든 종교의 성인은 모두 그 시대의 변혁가였다.

단순히 믿음을 중시하던 시대는 끝이 나고 있다.

믿음으로 모든 문제가 해결된다면, 이미 세상은 불국토가 되었을 것이다. 기독교의 관점에서 말하면, 신앙의 힘으로 인류사회는 이미 천국으로 변해야 하지만, 여전히 세상은 전쟁, 기아, 재난 등으로 고통스럽다. 모든 사람이 자신을 둘러싼 좁은 영역에서 구원을 바라고 있는데, 하늘이 누구를 구할 수 있겠는가?

현상의 모든 문제를 해결하는 유일한 해답은 변화의 이치에 맞게 사는 것이다.

그 이치를 통찰하는 마음의 눈이 바로 지혜다. 모든 성인은 상황에 맞게 지혜의 말씀을 했다. 그리고 공통으로 진리에 대한 깨달음을 얻을 때, 대자유의 삶을 누릴 수 있다고 말씀했다. 다만 아쉽게도 진리의 근원에 이르는 방법은 현재 불교 이외에는 구체적으로 남아 있지 않다.

물론 석가모니의 말씀도 앞서 지적한 여러 요인으로 인해서 오해의 소지가 많다. 따라서 성인들과 선지식의 말씀을 서로 비교해서 그 진의를 찾고, 자신의 상태에 적용할 필요가 있다.

석가모니의 말씀은 모든 현상을 넘어 본원에 이르는 근원적 지혜를 상세하게 담고 있다. 이 점은 불교가 세상의 모순을 통섭할 수 있는 가장 큰 장점이다. 스스로 자신을 구하는 종교는 어떤 사회에서도 살아남을 수 있다. 그러나 불교가 기복으로 치우치면, 불교도 진정한 종교의 기능을 상실하게 된다.

우리는 수행을 즐기던 단군의 후예다.

단군이 천명한 홍익인간(弘益人間) 재세이화(在世理化)의 전통사상과 불교가 지향하는 상구보리(上求菩提) 하화중생(下化衆生)은 표현만 다를 뿐 지향점이 같다. 널리 인간을 복되게 하는 근원은 진리이고, 진리에 이르는 시발점이 되는 수행의 종자는 자비의 마음이다. 자비의 마음에서 싹튼 종자가 모든 존재를 하나의 생명공동체로 만드는 원동력이다.

따라서 나와 한 몸을 이루고 있는 모든 중생을 구하겠다는 자비심에서 근원적인 지혜가 나오게 된다. 큰 지혜는 큰 자비에서 나오는 법이다.

09. 작복불사(作福佛事)

복을 받고자 하는 인간의 욕망은 인류가 존재하는 한 영원할 것이다. 인류는 오랫동안 신(神)에게 복을 기원했다.

하지만 복을 빈다고, 원하는 바가 다 이루어지는 것은 아니다. 사실 엄밀히 말하면, 복을 비는 행위에는 자신의 잘못이나 무지함을 신에게 의탁해서 해소하려는 심사가 상당히 깔려있다. AI 시대에 맞게 기복(祈福)에서 탈피해서, 스스로 복을 짓는 방법을 찾아야겠다.

어떻게 해야 복을 받을 것인가가 관건이다.

절에서 하는 천도재 속에 복을 짓는 개념이 있기는 하지만, 주로 죽은 영가의 힘으로 복을 구하는 정도다. 그러나 이제는 일반가정에서 제사가 사라지고 있을 정도로 세태가 변하고 있다. 아마도 앞으로 제사 문화는 과거의 유물이 되거나, 특별한 문화 행사가 될 수도 있다. 많은 절이 각종 재사를 통해서 운영비를 마련하고 있는데, 이대로 가면 사찰의 경제적 토대가 무너질 수도 있다.

나는 천도재의 대안으로 작복불사를 제안한다.

시대변화에 맞게 죽은 사람의 영혼에 의지하지 말고, 자신의 염원과 실천으로 복을 지어야 할 때가 되었다. 조상의 유전인자와 혼(魂)은 내 몸과 마음속에 있다. 그러므로 진정한 천도재의 의미는 자신의 몸과 마음과 삶을 청정하게 변화시키는 데 있다.

살아있는 사람을 위한 천도재가 바로 작복불사다. 현재의 내가 변화하면, 나의 삼세인과(三世因果)가 변하기 마련이다.

삼세인과를 부정하는 사람도 있지만, 그것은 완전히 깨달은 이후의 일이다. 의식이 혼탁한 사람이 삼세인과를 부정하는 것은 자신의 실체를 부정하는 것과 다르지 않다. 업의 현행(現行)은 부인할 수 없는 실존의 현상이다.

삼세인과를 초월한 우주의 근본이자 진리는, 석가모니가 설파했듯이, 연기법이다. 달리 인연법이라고 한다.

과학적인 현상으로 말하면, 인과법이라고 할 수 있다. 원인이 있는 곳에 그에 해당하는 결과가 있다. 문제는 인식할 수 없는 수많은 원인이 결과 속에 투영되어 있다는 사실이다. 인과법은 현상의 원인과 결과만을 얘기한다.

인연법으로도 불리는 연기법은 현상의 원인뿐만 아니라 무의식 속에 쌓여있는 인연의 종자(種子)까지 포함해서, 보다 근원적이고 총체적으로 결과를 얘기한다. 인연 종자인 인(因)이 현상의 직접적인 원인인 연(緣)을 만나 현재의 법(法)이라는 결과를 낳게 된다.

인연법을 철저히 성찰하면, 복을 받는 방법을 알 수 있다.

누대의 인연 종자와 현재 자신이 짓고 있는 업(業)을 자세히 살펴보면, 그에 해당하는 업의 결과로서 자신의 앞날을 알 수 있다. 뿌린 대로 거두는 법이다. 다른 사람에게 자신의 앞날을 물을 필요가 없다. 자신에게 모든 해답이 있다. 이 점에서, 에머슨은 "모든 인간의 조건은 그가 제시하려는 질문들에 관해 상형문자로 나타낸 해답이다."라고 말했다.

모든 것은 자신에게서 비롯된다.

지나치게 역술, 점, 신적 존재에게 의지하는 삶은 무지하거나, 혹은 도리에 맞지 않게 살고 있음을 방증한다. 미신에 의지하는 심리 속에는 자신의 잘못을 신적 존재에게 돌리는 죄가 숨어 있다. 예를 들어, 잘 되면 내 탓이고, 잘못되면 조상 탓하는 것은 이런 심리와 무관하지 않다.

업에 관해 석가모니의 말씀을 한마디로 요약하자면, 자업자득(自業自得)이다.

자신이 지은 아주 작은 죄라도 언젠가 인(因)과 연(緣)이 만나면, 그에 상응하는 과보(果報)를 받게 된다. 이와 관련한 다른 성인(聖人)

들의 말씀도 표현만 다르지 한결같은 뜻을 지니고 있다. 노자는 "하늘의 그물은 넓고 넓어서, 틈이 있는 듯해도 놓치는 일이 없다(天網恢恢, 疎而不失)."라고, 인과응보를 분명히 말씀했다.

노자뿐만 아니라 공자가 심득(心得)을 얻은 원천이 되는 주역(周易)에 재미있는 말씀이 있다. 지산겸(地山謙)의 단사(彖辭)에 이르기를, "귀신은 가득함을 해치고 겸손함에 복을 주고, 사람의 도는 가득함을 미워하고 겸손함을 좋아한다(鬼神害盈而福謙, 人道惡盈而好謙)."라고 했다. 인간이나 귀신이나 도리에 맞지 않게 부와 권력 등을 독점하는 것을 시샘하고 있음을 알 수 있다.

문제는 현재 자신이 짓고 있는 업은 현상을 통해 알 수 있지만, 무의식의 인연 종자는 알기 어렵다는 점이다.

인생의 신비를 푸는 방법은 자신에게 있다. 자신이 처한 삶의 환경을 보면, 인연의 흐름을 알 수 있다. 예를 들어, 자신은 잘못이 없고 착하게 사는 것 같은데, 뜻밖의 불행이 찾아온다면, 업연(業緣)이 발동한 것이라고 볼 수 있다.

자신이 처한 삶의 환경, 만나는 사람들, 그동안 삶의 풍파 등을 종합적으로 성찰하면, 자신의 업연을 알 수 있다. 무엇보다 공동체 사회속에는 공업중생(共業衆生)의 업연이 녹아들어 있다. 사회의 혼란은 우리의 업연이 함께 작용한 결과다.

따라서 사회를 바로 세우는 일은 우리 모두의 각성에 달려있다.

앞에서, 불교가 새로운 시대변화를 끌어낼 때라는 점을 강조했다. AI 시대에 사회를 맑고 밝게 깨우는 데 작복불사는 마중물 역할을 할 수 있다. 내가 먼저 바르게 깨어나서, 사회를 바른 방향으로 변화시키는 데 작복불사의 진정한 의미가 있다. 개인의 복이 모여 확대되면, 전체 사회가 행복해지는 법이다.

그렇다면 이제 구체적으로 작복불사의 방법을 논의해보자.

나는 인천 대복사에서 작복불사에 관한 특강을 했었다. 여기서 나는 크게 세 가지, 즉 '복(福)의 인연 심기,' '참회의 염불수행,' 그리고 '복을 나누는 보시'에 관한 주제로 강의를 했다. 지혜와 복덕이 함께 갖춰질 때, 수행은 완성된다.

특별한 능력과 인내심이 없는 한, 보통은 수행할 수 있는 여건이 될 때, 수행을 지속할 수 있다. 인생의 참된 의미는 진리의 깨달음에 있는 점에서, 수행할 수 있는 복은 최상의 복이다. 복을 받기 위해서는 먼저 복의 인연법을 아는 것이 중요하다. 박복한 인생은 복의 인연이 부족하기 때문이다. 복의 인연을 심어야, 그 결실을 볼 수 있다.

작복불사는 복을 스스로 짓는 일이다.

먼저 복의 밭을 가꾸어야 한다. 복을 담을 수 있는 자신의 그릇을 깨끗이 한 연후에, 복의 씨앗이 잘 발화될 수 있다. 삼륜청정(三輪淸淨)의 이치가 여기에도 적용된다. 복을 받을 사람, 바라는 복, 복을 주는 상대가 모두 청정할 때, 그 복을 오래 누릴 수 있다.

복전(福田)의 정화(淨化)에는 자신의 참회가 가장 효과적이다.

알고 지은 죄보다 모르고 지은 죄가 더 빈번하고, 그렇게 쌓인 죄가 크기 때문이다. 자신의 업보(業報)를 참회하는 것은 인연법의 도리에 맞다. 인연의 그물망에 속에 있는 모든 생명의 원한을 해소하지 않고, 복을 기대하는 것은 이치에 맞지 않는다.

우리가 세상에 태어난 이유는 깨달음을 얻기 위함이다. 삶의 고통은 깨달음의 각성을 일으키는 데 큰 역할을 한다. 《유마경》에 "번뇌는 곧 보리다(煩惱即菩提)."라는 말씀이 있다. 번뇌가 깨달음을 각성시키는 촉매작용을 한다.

영원한 복을 짓는 핵심은 번뇌를 통해 지혜를 깨닫는 데 있다.

이 세상에 갈등과 고통이 많은 것은 당연하다. 우리가 해야 할 수행은 수많은 갈등을 조율해서, 고통을 행복으로 전환하는 일이다. 물론 그 과정은 쉽지는 않다. 엄청난 의지와 인내심이 필요한 일이다. 노력하는 자에게 복이 오는 법이다.

다행히 대보살들이 스스로 지은 중생구제의 원력(願力)이 있으므로, 우리는 대보살에게 의지해서 안심하고 수행의 난관을 극복할 수 있다. 이 점에서, 참회, 복 짓기, 수행 등을 동시에 할 수 있는 최상의 방법은 염불(念佛)이다.

염불은 관세음보살이 사바세계에 가장 적당한 수행법으로 제시한 이근원통(耳根圓通) 수행법이다.

예를 들어, 관세음보살, 보현보살, 지장보살 등과 같은 대보살 등의 명호를 소리를 내서 또는 마음속으로 염불하면 부처님의 원력과 상응하게 된다. 현대물리학에서 입증되었듯이, 집중대상의 의식 수준이 높을수록 공조와 공명의 현상이 잘 이루어진다.

자신의 의지에서 나오는 자력(自力)과 대보살의 타력(他力)이 만나면, 불력(佛力)을 성취할 수 있다.

한문 경전은 당대 최고의 전문가들에 의해 뜻과 음이 조율되어 편찬되었다. 더욱이 훈민정음은 한자뿐만 아니라 모든 언어를 정확하게 발음할 수 있도록 창제되었다. 오행(五行)의 원리로 만들어진 우리말 염불 소리와 마음이 동화하면서 내는 조화로운 파장은 본심(本心)을 깨우는 데 큰 도움이 된다.

훈민정음으로 만든 석보상절과 월인석보 등은 생태적 공명에 바탕을 둔 한글의 우수성을 보여주는 대표적인 사례다.

한글 경전의 독송과 더불어 108배를 겸하면, 건강한 심신을 오래 유지하는 효과도 누릴 수 있다. 물론 자신의 역량에 맞게 하는 것이 좋다. 무리해서 욕심을 내면, 오히려 역효과를 보게 된다. 가장 큰 욕심은 깨닫고자 하는 욕심이다. 이 욕심으로 오히려 깨달음의 장애를 스스로 만들 수도 있다.

수행의 장애를 예방하는 길은 복을 베푸는 일이다.

보시에는 재보시(財布施), 법보시(法布施), 그리고 무외시(無畏施) 세 가지가 있다. 재보시는 물질을 베푸는 일이다. 물론 여기에도 도리가 있다. 주역 수뢰준(水雷屯), 구오(九五) 효사(爻辭)에, "적게 두고 올곧으면 길하고, 많이 두고 올곧으면 흉하다(小貞吉, 大貞凶)." 라는 말씀이 있다.

자신의 상황에 맞게 베풀어야 한다는 뜻이다.

예를 들어, 가진 것이 없는 사람은 절제하는 것이 옳다. 반대로 가진 것이 많은 사람은 절제보다는 베푸는 데 중점을 두어야, 다른 사람들의 원성을 사지 않을 수 있다. 물론 자신의 쾌락이 아니라, 널리 사람들을 유익하게 하는 쪽으로 베풀 때, 진정한 복을 누릴 수 있다.

모든 두려움을 없애주는 무외시는 도를 증득한 불보살만이 걸림 없이 할 수 있는 보시다. 우리가 할 수 있는 최고의 보시는 법보시다.

일상의 법보시는 정사(正思), 정어(正語), 그리고 정업(正業)을 통해 바른 도리를 실천하는 일이다. 여기서 한 걸음 더 나아가면, 불법의 지혜를 콘텐츠로 구현하는 데 이바지하는 보시가 있다. AI 시대는 물질적 대상보다 콘텐츠가 중요한 디지털문화의 시대다.

경전에서 무엇보다 강조하는 복은 위 없는 지혜의 말씀을 받드는 일이 가져오는 복이다. 콘텐츠 보시를 통해 우리는 영원한 복을 받을 수 있는 시대에 살고 있다. 불교가 살아남을 수 있는 마지막 희망은 콘텐츠를 통해 진리의 말씀을 세상에 베푸는 법보시에 있다.

서원하는 바가 클수록 바른 행(行)이 나온다.

진정한 공덕은 행원(行願)이다. 위 없는 진리를 얻고자 한다면, 불보살처럼 모든 중생을 구제하겠다는 대서원(大誓願)을 세우고 실천해야 한다. 행원(行願)이 원만해질 때, 심행(心行) 상에서 공(空)을 이룰 수 있기 때문이다.

이 점에서, 수행법에 연연하기보다는 공덕을 짓는 삶을 사는 데 집중하는 것이 옳은 방향이다. 뭔가 특별한 수행법이 있으리라 생각하지만, 특별한 것은 없다. 오히려 그런 심사가 수행을 망친다. 평소 생각, 말, 행동 하나하나를 잘 살피는 일이 최고의 수행법이다. 평범한 일상을 도리에 맞게 살면 된다.

깨달음의 인연이 성숙해지고 때가 되면, 진리에 이르는 길은 스스로 다가온다.

물질적 부, 권세, 명예 등과 같은 복은 인연이 소멸하면 사라진다. 복
진타락(福盡墮落)의 법칙에서 예외인 영원한 행복은 걸림이 없는
진리의 삶에 있다. 그러나 우리가 몸을 가지고 있는 한 현실에서 물
질적 행복을 무시할 수 없다. 그러므로 물질과 정신의 균형을 통해
삶이 안정을 찾은 연후에, 상대적인 물질과 관념을 초월한 영원한
진리의 깨달음을 추구해야겠다.

10. 무명을 밝히는 수행문화

수행은 자신의 몸과 마음과 삶을 스스로 주관하는 능력을 기르는 일이다.

스스로 운명의 주인공이 된다는 점에서, 수행은 진정한 자립(自立)을 이루는 필수적인 활동이다. 앞에서 주장한 작복불사(作福佛事)의 근본 취지와도 일맥상통한다. 모든 정보가 하나로 연결되고 융합하는 새로운 시대의 흐름은 수행문화에도 큰 영향을 미칠 수밖에 없다.

그동안 수행에는 특별한 교외별전(敎外別傳)의 비법이 있는 것처럼 인식된 점이 많았다.

그러나 수행은 지극히 일상적인 도리를 삶 속에 구현하는 일이다. 특수한 수행법의 존재를 믿는 사람들의 심사는 진리를 왜곡하게 된다. 사람들의 그릇된 의식과 태도가 작게는 개인의 수행을 망칠 뿐만 아니라, 크게는 사회를 혼란하게 만드는 요인으로 작용한다.

사실 지금은 모든 수행법과 진리의 말씀이 다 드러났다고 해도 과언이 아니다. 다만 전체를 하나로 꿸 수 있는 중도의 도리를 세상 사람들이 아직 잘 인식하지 못하고 있을 뿐이다. 여기에는 물질주의적 가치관이 한몫하고 있다. 자기식으로 분별하고 이익을 사유(私有)하는 의식은 수행문화에도 그대로 투영되고 있다.

진리는 소유할 수 없다.

석가모니는 중생의 근거에 맞게 진리를 설하고, 진리에 이르는 수행의 방법을 전했다. 상황에 맞게 수많은 설법을 했지만, 그 말씀 속에는 모든 것을 하나로 아우르는 중도의 이치가 있다. 그러나 후대에 갈수록 수행법이 분화되면서, 중도의 이치는 가려지고 차별적인 수행법이 득세하고 있다.

이 과정에서 일상의 삶은 뒷전이 되고, 특별한 공간에서 특별한 수행을 하는 것이 진리에 이르는 것처럼 여겨지게 되었다. 수행자들이 예전보다 숫자는 많아졌지만, 도(道)를 증득한 사람은 거의 찾아보기 힘든 이유 중의 하나다.

소위 도인(道人)이라고 자처하는 사람들을 보면, 말은 거창한데 그들의 삶은 도리에 어긋나는 점들이 많다. 진실한 삶이 없는 사람들에게서 진리를 기대하기는 힘들다. 혹세무민은 진리의 왜곡과 특별한 것을 동경하는 일반 사람들의 심사가 함께 만들어낸 결과라고 할 수 있다. 진리는 수행법의 차등에 있는 것이 아니라, 진실한 마음과 행위에 있다는 사실을 망각해서는 안 된다.

모든 사회악은 결국 무명(無明)이 만든 것이다.

탐진치(貪瞋癡) 삼독(三毒)으로 대표되는 무명은 인간을 망치는 주범이다. 광명(光明)을 회복하는 수행은 삼독의 도둑들을 잡는 일이다. 가만히 앉아서 삼독을 제거할 수는 없다. 삶 속에서 우리 스스로 진실하게 사는 습성이 체화될 때, 삼독은 자연스럽게 물러난다. 진실한 마음이 없이 특정한 수행법에 집착하면, 그 방법이 또 다른 경계를 이루고 수행자를 구속하기 마련이다.

수행의 핵심은 우리의 평범한 삶 속에 있다.

따라서 개인의 삶뿐만 아니라 사회 자체가 맑고 밝아질 때, 생활수행의 효과를 제대로 볼 수 있다. 나는 여러 글에서 AI 시대는 수행의 시대라고 말했다. AI의 피해를 막기 위해서는, 우리의 의식 수준을 높일 수밖에 없다.

이 과정에서, 종교 간의 통섭이 필요하다.

이때 수행문화는 커다란 역할을 할 수 있다. 문명의 큰 전환이 이루어지고 있는 지금이 그때다. 나는 종교의 통섭에 마중물이 필요하다는 생각으로 여러 책을 냈고, 그와 관련해서 2025년에는 《어둠을 밝히는 지혜》를 출간했다.

이 책은 그동안 연구한 수행을 초종교적인 차원에서 결산하는 책이

기도 하다. 나는 이 책에서 도덕적인 삶이 가장 경제적인 삶이라고 주장하고 있다. 인류 역사를 보면, 개인은 물론이고 거대한 제국도 결국 도덕의식이 사라지면서 몰락했다. AI 시대는 윤리 도덕과 실용주의가 하나로 결합해야만, 인류사회가 존속할 수 있다.

비도덕성이 개인과 사회를 어둡게 하면, AI는 인류의 파멸을 앞당기는 촉매 역할을 할 수 있다.

사람들이 수행을 통해서 삶의 본질을 다시 성찰하길 소망한다. 사람들의 각성을 위해서는, 뜻을 모으는 특별한 구심점이 될 공간이 필요하다. 물론 기존의 수행프로그램과 교육 장소는 많다. 그러나 새 술은 새 부대에 담아야 하듯, 새로운 인간교육과 수행에는 보편적인 내용을 담을 수 있는 적당한 공간 시스템과 콘텐츠가 필요하다.

나는 그것을 작은 공간에서 모델링을 할 계획이다.

사회를 이끌어나갈 인재들을 대상으로 소규모로 수행과 인간교육 과정을 함께 연계해서 진행한다면, 단기간에 큰 효과를 볼 수 있다. 더불어 검증된 수행과 인간교육의 프로그램과 콘텐츠를 각 계층의 인재들을 통해 보급하면, 이른 시간 안에 바른 정신문화가 세상에 전파될 수 있다.

수행문화와 인간교육에는 요람에서 무덤까지 생활문화 건강산업이 연관되어 있다. 따라서 수행과 인간교육의 모델링을 하는 과정에서,

바른 먹거리 사업의 아이템들이 창출될 수 있다. 수행사업을 통해 AI가 대체할 수 없는 새로운 영역을 개척할 수 있다.

사회의 혼란을 근본적으로 보면, 모든 갈등은 밥그릇 싸움에서 비롯되었다는 사실을 알 수 있다. 따라서 기존의 사회체제를 잘못 건드리면, 더욱 큰 혼란만 생길 뿐이다. 전혀 이해관계가 없는 곳에서 문제해결의 실마리를 찾는 것이 현명하다. 나는 그것이 수행문화와 인간교육을 활용한 새로운 먹거리 시스템을 만드는 일이라고 보고 있다.

먹고사는 문제가 조화롭게 해결되면, 사회의 혼란은 사라지게 된다. 수행문화를 활용한 사업을 통해 사회문제를 해결하는 것이 가장 안전하다. 수행은 미래 첨단사업의 핵심가치다. 사회 지도자들이 수행문화를 정책 수립에 활용하는 방안을 찾길 바란다.

석가모니의 말씀을 형식에 가두지 말고 보편적 도리로 구현하면, 불교는 미래의 종교가 될 가능성이 크다. 하지만 현실은 그 가능성을 무색하게 할 정도로 참담하다. 우리 불교는 수행종교라는 말이 부끄러울 정도로 기복 종교에서 아직도 벗어나지 못하고 있다.

나는 무속신앙을 부인하지 않는다.

무속은 그 나름의 존재 이유와 가치가 있다. 현재 불교에도 무속적 요소가 많다. 다만 기복이라는 측면에서만 보면, 불교는 다른 종교의 무속적 기능보다 경쟁력이 별로 없다. 형식은 너무 복잡하고, 내용도 난해하다. 그저 믿고 빌면, 복을 받는 시스템이 갖는 중대한 문제는 무엇보다 깨달음의 도리를 위반하고 있는 점이다.

불교가 무속과 다른 점은 운명을 스스로 개척하는 데 있다.

불교가 미래종교로 거듭나기 위해서는 많은 변화가 필요하다. 나는 이미 생활불교수행 차원에서 여러 가지 제안을 했다. 중요한 것은 불교를 쉽게 정리하고, 생활문화로 녹여내는 일이다. 이 점에서, 한문 경전, 빨리어 경전 등을 우리말 경전으로 간략하게 정리하고, 그 핵심을 수행의 콘텐츠와 프로그램으로 만들어 보급할 필요가 있다.

팔만사천경을 한마디로 요약하면 중도(中道)다.

일상에서 중도의 지혜를 익히고 수행할 수 있는 시스템을 만드는 일이 무엇보다 시급하다. 중도의 도리는 수행의 원리일 뿐만 아니라 교육, 정치, 경제 등 모든 영역에서 조화와 균형을 이루는 기본 원리다. 대격변의 시대에는 중도의 지혜가 더욱 절실하다.

한편 AI가 촉발하고 있는 문명의 융합은 기존의 질서가 무너진다는 의미도 내포하고 있다.

따라서 융합의 과정에는 커다란 변화의 위기가 동반된다. 위기 시에는 여러 가지 갈등요인들이 드러나게 된다. 무엇보다 산업문명의 물질적 가치와 원칙에 근거한 사회체계가 소통을 막고 있는 가장 큰 갈등요소다. 기존의 가치체계가 사회를 정체시키면, 사회 발전을 기대하기 어렵다.

이 점에서, 무엇보다 경계를 넘어 모든 종교를 회통하는 일이 중요하다. 종교의 회통이 되면, 성인(聖人)들이 공통으로 말씀한 진리가 밝게 드러나게 된다. 진리는 불교라는 형식에 있지 않고, 진실한 삶에 있다. 《금강경》에서 볼 수 있듯이, 석가모니의 말씀은 불교의 경계를 넘어가는 보편적인 진리를 담고 있다. 공자, 노자, 예수 등의 말씀에서도 대통섭의 정신을 엿볼 수 있다.

관계 맺고 변화하는 우주에는 고정된 물리적 실체가 없다.

인간은 세상의 흐름에 맞게 변해야 살 수 있다. 그래서 석가모니는 무상(無常)과 무아(無我)를 설파했다. 수행의 핵심을 한마디로 하면 무아다. "내가 없다."라는 말 속에는 대자유의 의미가 내포되어 있다. 집착된 물질적 관념의 나를 버림으로써 모든 곳에서 자유로운 영원한 진아(眞我)를 누릴 수 있다.

인류의 미래는 모든 종교를 통섭하는 보편적 수행문화에 달려있다.

11. 지혜와 자비의 정신으로 사회를 아우르자

지금 우리 사회 내부는 양분되어 극심하게 혼란하다.

또한, 나라 밖의 세상은 AI 시대의 주도권을 놓고 열강들의 싸움이 격화되고 있다. 인류사회 전체는 커다란 위험에 직면하고 있다. 우리가 직면한 문제도 문명사적인 관점에서 해결할 필요가 있다. 그런 의미에서, 불기 2569(서기 2025)년에 맞이하는 부처님오신날은 특별한 의미가 있었다.

수행문화가 사회문제를 해결할 수 있는 핵심 열쇠이기 때문이다.

앞으로 20년 후 서기 2045년은 미래학자들이 예견한 특이점 시대가 도래하는 때다. 20년이란 시간은 인류 문명사의 관점에서 보면 상당히 짧은 기간이지만, 인류의 문명이 획기적으로 전환될 수 있는 필요충분조건을 담고 있다.

AI의 발전 속도로 보면, 그 시기는 더 빨라질 수도 있다.

여러 글에서 강조했듯이, 특이점 시대 이후에 변화의 흐름을 따라가지 못하는 사람들은 도태될 수밖에 없다. AI 시대에 생존능력을 높이는 유일한 방법은 생활수행을 통해 의식 수준을 높이는 데 있다. 중점은 사람마다 차이가 심한 의식 수준을 어떻게 올리느냐에 있다.

이 점에서, 수행도 인연법에서 예외가 아니다.

초기불교 시대에는 수행에 관한 일반의 관념이 없었기 때문에, 석가모니는 사람의 근기에 맞게 설법을 했다. 석가모니의 열반 이후, 시대의 변화에 따라 불교 수행은 여러 단계를 거치며 시절 인연에 맞게 변화해왔다.

지금은 모든 경전의 내용과 천차만별의 수행법이 일반에 공개되어 있다. 하지만 전승 과정에서 이해관계나 관점의 차이로 곡해(曲解)가 있었다. 세상이 어지러운 이유 중의 하나는 사람들에게 진리의 바른 기준이 없기 때문이다.

그러므로 진리에 대한 분명한 기준을 세울 때가 되었다. 진리에 이르는 길은 무궁무진하지만, 올바른 도리는 모든 현상을 하나로 통섭하는 법이다. 석가모니는 열반에 들기 전에 미래사회의 상황을 예견하고 한 가지 분명한 기준을 제시했다.

"스스로 지혜를 밝히고, 진리의 광명에 의지하라(自燈明, 法燈明)."

지금 상황에서 이 말씀은 AI 시대를 대비하는 말씀처럼 느껴진다.

모든 정보가 연결되는 융합시대에는 모든 성인의 말씀도 예외 없이 하나로 융합될 것이다. 이때 AI를 악의적으로 활용해서 사회의 여론을 호도하려는 세력도 있을 수 있다. 어리석은 피해자가 되지 않으려면, 진리에 대한 바른 식견을 가져야 한다.

이 점에서, 보편 도리를 함양하는 수행문화는 더욱 필요하다.

AI 시대에는 바른 도덕으로 자신의 중심을 확고히 잡고, 진리에 의지할 때만이 온전히 살아남을 수 있다. 그렇지 않으면 AI를 지배하는 세력에 의해 자신의 삶이 좌우될 수 있다. 앞으로 인류는 AI를 활용하는 인간과 AI에 의해 활용당하는 인간으로, 크게 두 부류로 나뉠 수 있다. 전자는 소수이고, 후자는 다수일 확률이 높다.

인류사회는 물질이 세상을 지배하는 세상에서, 정보가 세상의 흐름을 주도하는 세상으로 변하고 있다. 여기서 문제는 정보의 질이다. 생명이 없는 물질과 관념의 단편적인 지식정보는 이제 쓸모가 없다. 부분을 꿰어서 생동하는 유기체로 만드는 총체적인 지혜를 주는 정보만이 인간을 깨울 수 있다.

이 점에서, 앞으로 불교는 인간의 깊은 지혜와 통찰력을 함양하고 의식상승을 견인하는 데 초점을 맞춰야 하는 시대적 사명이 있다. 불교가 기복 종교의 굴레에 머문다면, 미혹된 정신을 깨우는 종교의 본디 기능은 마비된다. 수행종교의 본래면목을 회복할 때만이, 불교는 미래종교로서 빛을 발할 수 있다.

의식을 높이는 쪽으로 AI를 제대로 활용한다면, 앞으로 수행문화가 크게 부흥하게 된다. 이 기회를 한국 불교는 놓치지 말아야 한다. 나는 여러 글에서 생활불교 수행문화의 입장에서 불교진흥의 여러 방법을 제안했다. 그 핵심은 절이 단순한 기도처에서 탈피해서, 지혜를 계발하고 자비를 실천하는 진정한 도량으로 거듭나는 데 있다.

기도와 수행은 적당히 균형을 이루는 것이 바람직하다.

소원은 연기적 상황이 맞으면 저절로 이루어진다. 연기법을 무시하고 기도만 한다고 소원이 이루어진다고 얘기하면, 보편적 진리를 위배할 뿐만 아니라 사회의 질서를 무너뜨리는 무거운 죄를 짓게 된다. 사회 전체를 하나로 연결하는 자비 수행 차원으로 기도를 하면 가장 이상적이다. 이렇게 되면, 개인의 안위와 번영을 위한 기도에서 전체 생명의 소통을 이루는 기도로 바뀌게 된다.

한편 지혜는 두 가지 측면이 있다.

자신을 살리는 자기중심적 지혜와 우리 모두를 살리는 보편적 지혜가 있다. 자기중심적 지혜는 개인의 근기에 맞는 일시적인 지혜이고, 보편적 지혜는 모든 생명을 아우르는 영원한 지혜다. 부분적인 지혜에서 완전한 지혜로 확장하는 데 필요한 덕목은 자비다.

깨달음에 이르는 길은 지혜와 자비의 두 길이 있다.

수행의 인연에 따라 두 길 중 어느 한 방향으로 갈 수 있다. 완전한 깨달음을 이루는 단계에 접어들면, 지혜와 자비는 하나로 융합된다. 완전한 지혜는 자비로 완성된다. 대자비의 마음은 경계의 분별을 깨는 데 가장 강력한 작용을 한다.

바른 지혜는 수행과정에서 삿된 길에 빠지는 것을 막는다.

그러나 어설픈 지혜는 오히려 스스로 경계를 세우고, 그 안에서 자기만의 독선에 빠지게 만든다. 이럴 때 독선을 방비하는 것이 자비 수행이다. 자비는 자기중심의 깨달음에 탈피해서, 온 생명을 아우르는 일체종지(一切種智)의 깨달음에 이르게 하는 강력한 생명력을 갖고 있다.

자비와 지혜는 서로 상호보완작용을 하며 완전한 깨달음에 이르는 쌍두마차의 역할을 한다.

석가모니는 지혜와 자비의 두 길을 통해 완전한 깨달음에 이르렀다. 요즘 세상이 어지러운 이유는 마른 지혜만이 난무하기 때문이다. 생명의 에너지가 없는 마른 지혜는 분리할 수 없는 생명의 망을 자기중심적으로 나눔으로써 생명공동체의 질서를 파괴하고, 결국에는 자기 자신도 파멸의 구렁텅이에 빠지게 된다.

일상에서 할 수 있는 가장 좋은 자비 수행은 바른 도리에 맞는 생각, 말, 행동을 베푸는 일이다.

큰 봉사만이 자비 수행은 아니다. 오히려 거창한 봉사는 어떤 목적이 있고, 사회적 위화감을 조성할 수도 있다. 가까운 이웃의 고통을 외면하고 생면부지의 사람들에게 기부하는 일은 인류애를 과시하는 일종의 광고행위에 불과할 수 있다. 이러한 경우에 경종을 울리는 에머슨의 말이 있다.

"먼 곳의 사랑은 가까운 곳에는 원한이 된다."

먼저 우리 주변을 살리고, 그 생명의식을 확대하는 것이 바람직하다. 우리 사회가 무너지면, 어떤 자선 행위도 의미를 상실한다. 자신의 중심을 바로 세우되 주변 사람들을 포함한 공동체와의 관계를 조화롭게 유지하는 일이 무엇보다 중요하다.

한편, 수행을 망치는 주범은 아집(我執)이다.

아집 중에서도 가장 무서운 것은 법집(法執)이다. 자신이 믿는 진리가 유일한 진리라고 집착하는 순간, 진리에서 완전히 멀어진다. 진리는 영원하지만, 세상에 투영된 진리의 현상은 매 순간 변하고 있다. 따라서 진리라고 생각하는 어떤 관념은 영원히 변하는 실체를 담을 수 없다.

자신만의 편파적인 진리로 사람들을 인도하면, 자기 자신뿐만 아니라 함께한 모두를 파멸시키는 이유가 여기에 있다.

이와 관련해서 곱씹어볼 말이 있다. 에머슨은 "도둑은 자신에게서 훔치는 것이고, 사기꾼은 자신을 속이는 것이다."라고 정곡을 찔렀다. 이 말은 수행자에게도 그대로 해당한다. 수행을 통해 뭔가를 얻고자 하는 사람들은 자신도 모르게 도둑과 사기꾼의 함정에 빠지게 된다. 사유(私有)할 수 없는 진리를 자기식으로 전유하는 순간, 세상에서 가장 무서운 도둑이자 사기꾼이 되는 것이다.

수행은 어떤 것을 얻는 과정이 아니라, 자유로움에 이르는 길이다.

여기서 자유로움은 생명의 소통이 막힘이 없는 상태를 의미한다. 자유로움은 자신의 독선을 비우고 경계를 허물 때, 스스로 찾아온다. 얻으려 하면 할수록 더 멀어지는 것이 대자유의 진리다. 따라서 자신의 상태가 어떤지 항상 성찰할 필요가 있다.

만약 자신이 얻은 지혜가 독선과 분열을 조장한다면, 그것은 마른 지혜일 뿐이다. 마른 지혜에 생명을 부여하는 요소는 자비다. 자비는 일상의 평범한 삶 속에서 생명의 조화를 이루는 일이다.

앞서 살펴보았듯이, 의식상승은 다양한 삶 속에서 조화를 이룰 때 생명력을 가질 수 있다. 일체중생을 품어 안는 생명의식이 없다면, 의식상승은 생태적 질서를 파괴할 뿐이다. 이 점에서, 생활수행은 개인의 다양성과 공동체의 통일성이 조화를 이루도록 하는 일이기도 하다. 따라서 생활수행은 인공지능사회를 온전하게 소통하는 유일한 선택이라고 할 수 있다.

석가모니가 말씀한 '자등명(自燈明), 법등명(法燈明)'은 지금 우리 사회의 상황에서 그 의미가 더욱 깊다. 이 말씀의 의미를 AI 시대의 연기적 상황에서 반추해볼 필요가 있다. 석가모니의 말씀을 가장 이상적으로 실현하는 방법을 찾아야 한다.

스스로 자신의 스승이 되는 길이 가장 이상적이다.

타인에게 의지하지 말고, 스스로 자립하는 법을 배우는 것이 중요하다. 바른 도리에 따라서 자신의 의지와 지혜로 자신의 인생을 개척하면, 삶의 다양성이 살아난다. 개인의 다양성이 확보될 때, 사회가 극단으로 치우치는 것을 예방하고 지속적인 발전이 가능하다.

인류 역사를 보면, 문명의 큰 변동이 있을 때마다 사회가 극단화되는 경향을 보였다.

우리 사회가 지금 그런 양상을 띠고 있다. 많은 사람이 집단의 광기에 함몰되면 극히 위험하다. 이때 특히 종교가 정치와 결합하면, 혼란은 극을 이루게 된다. 동서양을 막론하고 종교와 정치가 결탁한 시대는 극심한 혼란기였다.

종교는 정치에서 어느 정도 거리를 둘 때, 사회를 맑게 정화하는 역할을 지속해서 할 수 있다.

모든 것은 뿌린 대로 거두는 법이다. 불법의 이치에 따라 바른 정신으로 바른 삶을 살 때, 우리는 바른 도리를 증득하게 된다. 석가모니는 지극히 상식적인 말씀을 했다. 우리가 불법을 어렵게 느끼는 것은 그만큼 우리가 비상식적인 상태에 있기 때문이다. 석가모니가 세상에 오신 뜻을 기려서 우리 사회가 상식과 양심을 회복하길 바란다.

석가모니의 기본 정신으로 돌아가, 모든 사찰이 수행의 도량으로 거듭나길 소망한다.

12. 보편적 도리로 수행도량을 혁신하자

우리는 성인(聖人)의 말씀을 믿고 따르고 있지만, 사실 당대에 그 말씀은 기존의 세상 질서를 완전히 뒤집어놓는 혁신적인 내용이었다.

공자와 노자는 역(易)의 원리에 기초해서 왕권 중심의 세상이 영원불멸하지 않다는 사실과 생명의 역동적 질서를 일깨웠다. 예수는 기존 종교의 도그마를 깨부수고, 진리에 입각한 삶이 구원에 이르는 길임을 말씀했다. 석가모니는 궁극적으로 모든 존재의 평등성과 완전함을 설파했다.

성인의 말씀 속에는 시대, 공간, 인종, 문화, 종교 등 모든 경계를 초월한 보편 정신이 있다.

보편 정신은 진리의 숨결로서 인류에게 바른 정신과 생명력을 불어넣고 있다. 특히 석가모니의 말씀 속에서, 우리는 일체의 언어적 관념과 물질적 한계를 넘는 궁극적인 진리를 엿볼 수 있다. 현재 우리가 사는 세상에는 동서고금의 모든 종교사상이 드러나 있다. 그런데도 모든 인류를 아우르는 보편적 도리를 일상에서 찾기는 힘들다. 그 이유를 성찰하고, 실질적인 대안을 찾아보자.

위계적 질서에 갇힌 사람들에게 성인의 보편 정신은 급진적인 개혁 사상이나 다름이 없다.

역사적으로 위정자들은 종교를 정치적으로 이용했을 뿐, 모든 사람을 아우르는 보편적 도리를 무시했다. 하지만 보편성이 없는 권력은 예외 없이 혼란을 초래하고, 결국에는 몰락할 수밖에 없었다. 이러한 행태가 AI 시대에 심각한 문제가 되는 점은 모든 문명정보가 하나로 연결되는 과정에서, 보편 정신의 결여는 인류사회 전체를 위협하는 가장 무서운 요소로 작용하기 때문이다.

이 점에서, 종교의 역할을 다시 한번 되새겨야 할 때가 되었다.

지금의 종교는 신앙의 형식만 고상할 뿐, 기복 종교라는 점에서 무속과 다르지 않다. 그렇다고 나는 무속을 무시하지 않는다. 다만 종교와 무속은 길이 다르다는 점을 강조하고 싶다. 무속이 일시적인 삶의 위안을 준다면, 종교는 근본적으로 인간 존재를 억압하는 일체의 구속을 해소하는 데 의의가 있다.

신앙의 형식을 통해 보편적 진리에 이르게 하는 역할이 종교의 본질적 기능이다. 따라서 종교의 형식은 진리를 매개할 때, 중요한 가치를 지닌다.

삶의 가치체계가 크게 바뀔 수밖에 없는 문명의 전환기에, 종교의 본질과 형식의 괴리는 더욱 크게 다가온다. 그러나 좌절할 필요는 없다. 대전환의 변화 이치를 역이용해서 종교의 형식을 일대 혁신하는 기회로 삼을 수 있다.

비록 모든 양식과 가치체계가 새롭게 전환될지라도, 생명을 소통해야 하는 기본 원칙은 변하지 않는다. 따라서 보편적 도리를 중심에 두고, AI 시대에 맞게 종교의 형식을 새롭게 조율해야겠다.

무지몽매한 시대에는 성인을 신앙의 대상으로 내세워, 일반 대중을 계몽할 필요가 있었다. 그러나 이제는 AI가 그 역할을 대신할 수 있는 시대가 되었다. 웬만한 지식은 AI가 일반인보다 월등하다. 앞으로 AI가 다루는 전문적인 지식의 영역은 더욱 확대되고, 그 심도도 더 깊어질 것이다.

인간의 잠재력을 무한히 개발할 수 있는 시대에는, 성인을 숭배의 대상보다는 완전한 삶의 모델로 삼는 것이 바람직하다.

성인이 말씀한 보편적 도리에 맞게 삶을 살면, 욕망에서 비롯된 일체의 구속에서 해방될 수 있다. 물론 그때도 신앙은 사라지지 않는다. 다만 부조리한 맹신이 아니라, 성인을 통해 자신을 되돌아보는 신앙이 될 때, 자유로운 삶을 지향할 수 있다.

문명대전환이 본격화되면 앞으로 직장을 잃거나, 이직할 수밖에 없는 사람들이 급속히 늘어날 것이다. 이때 가장 큰 문제가 되는 점은 새로운 문화에 적응하지 못하는 사람들의 심리상태다. 불안한 심리는 사회의 질서를 왜곡하는 근본 원인이 되므로, 세심한 관리가 필요하다.

격변하는 세상에서 마음의 안정을 찾을 수 있는 최고의 비결은 무아(無我)의 수행법으로 변화의 지혜를 얻는 데 있다. 이 점에서, 일체의 언어 관념과 형식을 초극한 석가모니의 가르침은 어두운 미로에 빠진 우리에게 밝은 횃불과 같은 역할을 할 수 있다.

한편, 우리 사회의 문제를 들여다보면, 산업사회가 새롭게 전환하는 과정에서 세대, 계층 간의 갈등이 크게 야기되었다는 사실을 알 수 있다. 특히 산업화의 선봉에 서서 도시화를 촉진했던 현재의 노인세대가 겪는 심리적 불안은 매우 클 수밖에 없다. 나이가 들수록 자신의 존재감과 활력이 떨어지기 때문에, 더욱 그렇다. 사회의 안정을 위해, 심화하고 있는 세대 간의 갈등에 대한 근본적인 대책을 세울 필요가 있다.

본래 땅에서 나와서 땅으로 돌아가는 인간 존재의 실상을 고려한다면, 전원의 삶이 가능한 시스템을 만드는 일은 사회갈등을 해결하는 열쇠가 될 수 있다.

이 점에서, 전국의 명산대찰은 생태적 삶을 맛볼 수 있는 최적의 장소다. 또한, 수행공간으로서 절은 문명대전환에 상응하는 정신혁명의 도량역할을 하기에 적당하다. 사찰의 도움을 받으면서 인생 후반기에 전원 지역에서 정신수양에 매진한다면, 새로운 생명력을 얻고,

행복한 노후를 누리면서, 존엄한 죽음을 맞이할 수 있다.

정신혁명의 도량으로서 사찰은 지도자 교육 장소로도 훌륭하다.

무엇보다 출가와 재가를 포함한 수행도량 자체의 지도자 교육이 중요하다. 출가자와 재가자가 함께 수행할 수 있는 여러 가지 방법을 개발해야겠다. 〈AI 시대를 대비한 생활불교 발전방안〉에서 제시한 여러 가지 방안을 지도자 교육에 활용할 수 있다.

지도자 교육의 핵심은 생명공동체의 정신 함양이다.

AI 시대를 이끌 각 영역의 지도자는 사회적 의무로서 널리 사회를 이롭게 하는 보편 정신을 갖춰야 한다. 특히 기업의 CEO 마음 교육을 통해, 기업인에게 사익(私益)과 공익(公益)의 균형을 이루는 중도의 지혜를 함양할 수 있다.

한편 사회 지도자의 정신교육은 미래세대의 지도자 자질함양과 현직의 지도자 도덕교육으로 나눌 수 있다. 여기에는 수행을 활용한 인간교육이 선결 조건이 된다.

지도자 정신교육에는 일정 기간 수행공간에서 생활하면서 자신을 철저하게 객관화하는 과정이 도움이 된다. 예를 들어, 템플스테이 프로그램을 활용해서 객관적 시각을 함양하면, 각자의 영역에서 특정 이익에 편향되지 않는 보편 정신을 기를 수 있다.

물론 지도자 정신교육에서 말하는 보편성은 절대적 보편성을 의미하지 않는다. 진리의 보편성과 현상의 보편성은 차이가 있기 마련이다. 문명의 변화가 상상하기 힘들 정도로 빠른 시대에서, 현상의 일반이론은 언제든지 뒤집힐 수 있다. 에머슨도 산문 〈원(Circles)〉에서 이 점을 지적했다.

"내일이면 뒤집히지 않을 과학의 성과는 없다. 교정되지 않고 비난받지 않는 문학적 평판, 소위 영원한 명성은 결코 없다. 인간의 진실한 희망들, 그의 가슴속의 사상들, 모든 나라의 종교, 인류의 풍속과 도덕은 모두 새로운 일반론에 좌우된다."

사찰은 현상의 세상과 진리의 세계를 연결하는 중간 역할을 충실히 할 때, 수행도량으로서 어두운 세상을 밝힐 수 있다. 하지만 안타깝게도 지금의 사찰은 그 역할을 제대로 하고 있지 못하다. 형식적 신앙이 아닌, 진리를 추구하는 대자유의 정신으로, 한국의 불교가 대개혁에 나서길 희망한다.

이제는 스님도 다양한 분야의 특별한 지식을 갖춘 전문가로 활동하는 시대가 되었다.

여러 분야에서 이러한 시도가 있지만, 아직은 미약한 수준이다. 이 부분에서는 일본과 대만 등의 사례를 참고할 만하다. 일본에는 스님 출신의 학자들이 많고, 대만에는 다양한 직업을 가진 스님들이 사회 활동을 적극적으로 하고 있다. 우리 불교도 더욱 전문적인 연구와 왕성한 사회활동을 펼침으로써, 수행도량을 보다 전문화하고, 그 영역을 다양화해야겠다.

혁신적인 과정을 통해 절의 재정을 독립적으로 확보하는 토대도 마련할 수 있다.

지금처럼 재가(在家) 신도의 보시 중심으로 운영되는 체제로는 미래사회의 변화에 자주적으로 대응하기 힘들다. 이제 절은 보시를 받는 곳에서, 적극적으로 보시를 하는 공간으로 재탄생해야 한다. 앞서 제시한 여러 가지 수행문화를 활용하면, 사찰의 재정구조를 건전하게 혁신할 수 있다.

사찰이 할 수 있는 최고의 보시는 수행공간과 더불어 세상의 고통에서 벗어나는 본원적 지혜를 대중에게 제공하는 일이다. AI를 상대할 인간의 정신 능력 개발이 앞으로 절의 가장 큰 수익사업 중의 하나가 될 수 있다.

내가 천도재 대신에 작복불사를 주장하는 이유도 여기에 있다.

물론 모든 것을 한꺼번에 혁신할 수는 없다. 특별한 절이나 수행집단을 선택해서 시범사업을 통해, 부작용을 최소화하는 것이 좋겠다. 새로운 시대에 맞는 보편적 수행문화를 실험하면서, 절과 지역의 특성에 맞게 다양성을 확보할 수 있다. 보편적 진리에 합당한 통일성과 현상적 특성에 맞는 다양성이 잘 융합될 때, 개별 사찰이 수행도량으로서 성공을 거둘 수 있다.

또한, AI 시대에 불교가 미래종교로 거듭나기 위해서는 모든 종교를 통섭하는 정신문화를 제공해야 한다. 완전한 깨달음의 실상은 불교의 형식에 있지 않고, 진리의 보편성에 있다는 사실은 석가모니가 분명하게 천명했다. 불교의 스펙트럼을 무한히 넓혀, 만법(萬法)이 불법(佛法)이라는 이치를 밝혀야겠다.

다행한 점은 첨단과학이 발전할수록 불교가 단순히 신앙의 종교가 아닌, 일반과학과 초과학을 넘나드는 깊은 통찰력을 제공하는 진리의 종교라는 실상이 밝혀지고 있다. 앞으로 첨단과학을 연구하는 사람은 불교의 심오한 이치를 탐구하지 않을 수 없다.

예를 들어, 《반야심경》은 모든 물리학자가 항시 마음에 새길 내용을 함축하고 있다. 그 내용은 우주 만물의 실체에 관해 어떤 물리학 교과서보다 핵심적으로 요약하고 있다. 색즉시공(色即是空), 공즉시색(空即是色)이란 표현 속에 양자물리학이 모두 함축되어 있다.

우리는 육체를 지닌 존재로서 생명작용은 물리법칙을 따르지 않을 수 없으므로, 모든 고통에서 벗어나기 힘들다. 그러나 반야심경에는 물리적 한계를 벗어나는 이치가 들어있다. 감각과 심리에서 유발되는 모든 공포에서 벗어날 때, 전도몽상(顚倒夢想)에서 깨어나 진정한 자유를 누릴 수 있다.

그 상태에서 모든 현상을 있는 그대로 직관할 수 있는 심안(心眼)을 지니게 되고, 스스로 자유롭게 노닐 수 있는 대자재(大自在)의 지혜가 발현된다. 이 놀라운 도리를 체득할 때, 비로소 우리는 현상의 물리적 한계를 극복하고, 초과학의 본질에 접근할 수 있다.

시대에 맞지 않는 승가의 체제를 대대적으로 혁신해서, 사찰이 진정한 수행도량으로 거듭나길 소망한다. 사부대중을 아우르는 승가(僧伽)의 본래 의미에 맞게, 세간과 출세간의 경계를 허무는 출출세간의 보편적 수행 풍토를 조성할 때다.

제2부

수행의 원리와 방법

제2부. 수행의 원리와 방법

AI 시대가 돌이킬 수 없는 흐름이다면, AI를 역으로 활용해서 인간의 삶을 완성하는 수단으로 삼는 길이 옳은 방향이다. 그러자면 인간의 정신이 먼저 깨어나야 한다. 정신을 깨우는 데는 종합적인 수행이 필요하다.

그런 의미에서, 방석 위의 명상에서 벗어나 일상 속에서 바른 도리를 회복하는 생활수행의 원리와 방법을 알아야겠다.

제2부는 수행의 핵심원리를 생활수행에 적용하는 방법에 중점이 있다. 삶의 독소가 많은 사람은 외딴곳이나 골방에서 나 홀로 수행한다고 해서 본심(本心)을 밝히는 직관을 체득할 수 없다. 일상의 삶속에서 하는 모든 생각, 말, 행동, 그리고 생계 활동 등이 모두 의식에 영향을 준다.

한마디로 카르마(Karma), 즉 업(業)이 청정해지지 않으면, 어떠한 수행방법도 정신을 밝힐 수 없다. 예를 들어, 운명을 옥죄는 업연(業緣)이 해소되지 않은 상태에서 하는 명상은 오히려 우리의 의식을 더욱 미혹된 길로 안내할 뿐이다.

물론 전문적인 마음집중의 수행도 중요하다. 그러나 이것만으로는 부족하다.

일상적인 생활 중심의 수행과 전문적인 명상 중심의 마음집중이 조화를 이룰 때, 우리의 정신이 밝게 깰 수 있다. 인공지능 시대에 모든 종교가 통섭할 수밖에 없다는 점에서, 나는 유교, 도교, 선교(仙教), 그리고 기독교의 수행방법도 중시하고 있다.

현상과 본질의 양방향에서 보편적 도리를 추구하는 양면적 수행을 통해 진리를 추구하고, 현실에서 건강한 삶을 구현하는 것이 AI 시대에 존엄한 삶을 위한 생존전략이다.

제2부는 내가 반야연구소에서 연구보고서로 낸 〈수행의 원리와 방법〉과 〈수행의 원리를 이용한 건강법〉 중에서 중요한 부분을 새롭게 정리한 것이다. 수행의 기본 체계를 세우는 데 중점을 두고 보면 좋겠다. 여기서 제시된 내용을 바탕으로, 각자 자신이 처한 상황에서 적절한 방법으로 삶 속에서 깨달음을 추구하기를 소망한다.

01. 사성제(四聖諦)의 도리

AI 시대를 대비하는 차원에서 석가모니의 말씀에 담겨있는 본원적 의미를 새롭게 되새길 필요가 있다. 종교가 우리에게 주는 의미는 삶의 바른길을 제시하는 데 있다. 석가모니는 탄생하는 순간부터 존재의 의미를 세상에 외쳤다.

"천상천하유아독존(天上天下唯我獨尊)."

인간뿐만 아니라 모든 생명 존재는 존엄하며, 육도(六道) 윤회의 고통에 상관없이 본심(本心)의 '참나'는 불생불멸하다는 진리를 온 우주에 알렸다. 석가모니의 전생담과 전법의 일화를 담은 《팔상록》에서 알 수 있는 것처럼, 모든 성인이 세상에 오는 인연은 모든 중생과 함께 완전한 깨달음의 세계를 구현하려는 원력 때문이다.

내가 이 글을 쓰는 것도 깨달음의 인연 때문이다.

나는 태어나면서부터 불연(佛緣)이 있었다. 나는 9개월 유복자로 태어났다. 내가 어느 정도 성장한 이후에 들은 얘기가 있다. 내가 태어난 지 얼마 안 되어, 어떤 스님이 찾아와 어머니에게 어린 나를 절에

팔라고 했다. 물론 돈을 받고 파는 의미가 아니라, 의식상으로 절에 의탁하는 행위였다. 절에서 생활한 적은 없지만, 어린 시절 내 아명은 '판석'이었다.

내 기억에는 없는 일들이다. 깨달음의 인연 때문인지, 나는 인생의 황금기를 참나를 찾아 헤맸다. 그러한 인연의 결과로 반야연구소에서 비록 2년이란 짧은 기간이나마 불교의 진리와 수행법을 전문적으로 연구할 수 있었다. 지금 내가 수행문화전문가로 활동하는 것은 그때 얻은 지혜의 자양분 덕분이다.

또한, 나는 에머슨을 전공한 덕분에 동서양의 여러 종교를 섭렵했다. 그 결과, 모든 성인의 가르침이 방법과 표현이 다를 뿐 깨달음을 위한 길을 제시하고 있음을 알게 되었다. 그중에서도 석가모니의 가르침에는 깨달음의 마지막 퍼즐을 맞추는 핵심 열쇠가 있었다.

바로 인간의 자의식에 가려진 본마음을 깨우는 일이다.

AI 시대 불교가 미래종교로서 의미가 있는 것은 바로 여기에 있다. 인공지능신경망이 아무리 발전을 해도 인간의 의식 속에 있는 불성(佛性)을 초월할 수는 없다. 근원의 본성은 물질과 관념의 경계를 초극하기 때문이다. 인공신경망은 그 경계에서 맴돌 뿐이다.

석가모니의 말씀 속에는 생사윤회의 원인과 그 구속에서 벗어나는 도리와 구체적인 방법에 관한 분명한 해답이 있다. 우리는 욕망의 세계에 살고 있다. 욕계(欲界)는 서로 다른 욕망이 충돌하며 괴로움을 끝없이 양산하는 곳이다.

이원적 상대성을 지닌 모순은 사바세계를 형성하는 기본 원리다.

따라서 양극적 모순을 해결하기 위한 대안들이 계속해서 또 다른 모순을 일으키는 것이 현상세계의 모습이다. 이 때문에 상대적인 의식과 물질의 경계 안에서 최적화된 AI는 아무리 발전해도 물리적 프레임 속에 갇힐 수밖에 없다.

무의식의 경계를 넘어갈 수 없는 구조 때문에, AI는 무명(無明)에서 비롯된 인간의 근본적인 괴로움을 해결할 수 없다.

석가모니가 위대한 이유는 바로 의식의 경계를 넘어가는 방법을 찾고, 본심의 광명(光明)을 회복했으며, 더 나아가 세상에 깨달음의 인연을 확고하게 심었다는 점이다. 종교가 사라질 수 있다고 예측되는 인공지능의 시대에도, 불교가 살아남을 수 있는 근거이기도 하다.

석가모니는 중생의 무의식을 깨우기 위해 의학적 방법을 동원했다.

석가모니가 깨달음을 완성한 이후에 녹야원에서 다섯 제자에게 처음으로 설법한 사성제는 병의 진단, 원인 파악, 치료의 목표, 그리고 최종적으로 치료방법을 체계적으로 제시하고 있다. 이 점에서, 석가모니는 삼계도사(三界導師)로서 모든 생명 존재의 병을 치료하는 진정한 의사라고 할 수 있다.

사성제의 첫 번째 내용은 고제(苦諦)다.

괴로움은 우리를 비참하게 만드는 원인이기도 하지만, 묘하게도 그 것이 주는 성스러운 가르침이 있다. 세상의 고통과 번뇌는 인간을 끊임없이 각성시키는 촉매제와 같다. 성찰을 통해 고통을 이겨내야 만, 깨달음의 세계로 나아갈 수 있다.

번뇌가 많을수록 깨달음도 많고, 반야의 지혜도 깊고 커진다.

많은 사람이 죽어서 천국에 가고자 원하지만, 천국에는 깨달음을 자극하는 괴로움이 없다. 이 때문에 하늘의 신들도 이 세상을 부러워 한다. 《화엄경》에 등장하는 온갖 신들이 선재동자를 돕는 이유도 깨 달음의 인연을 심기 위함이다.

우리는 단순히 물질적 성공을 위해 사는 것이 아니다. 우리는 깨달 음의 장구한 인연으로 세상에 나왔다. 석가모니와 우리는 같은 인연 으로 맺어진 일심동체다. 그렇다면 괴로움을 어떻게 깨달음으로 전 환할 것인가가 문제가 된다.

사성제의 두 번째 가르침은 집제(集諦)다.

집착은 생명을 형성하는 근본 원인이자, 생명을 구속하는 장애이기도 하다. 물질문명이 극에 이르고 있는 인류사회에서는 집착과 욕망의 대상도 많고, 그 폭도 깊다. 물질문명이 발전할수록 업연종자(業緣種子)가 더욱 왜곡되기 때문에, 본심으로 돌아가기 어렵다.

우리 자신은 집착과 욕망으로 덮여 쌓인 의식과 육신의 덩어리가 하나로 결합한 결과다.

따라서 우리를 이루고 있는 인연화합은 온전하지 않다. 현상의 나와 본질의 내가 뒤섞여 혼란스러운 상태라고 할 수 있다. 무명에서 생로병사에 이르는 십이인연(十二因緣)의 업연종자를 밝게 파악해야만, 괴로움의 원인을 바르게 알 수 있다.

괴로움과 그 원인의 실상을 설명한 이후에 석가모니는 깨달음의 목표인 멸제(滅諦)를 말씀했다.

열반의 세계는 번뇌의 모든 불씨가 다 꺼진 상태를 말한다. 이것은 허무한 상태가 아니다. 마치 불교를 상징하는 연꽃이 흙탕물 속에서 자라나지만 더러움에 물들지 않는 것처럼, 의식이 청정하여 어떤 작용에도 걸림이 없는 대자유의 경지다.

해탈의 입장에서는 깨달음도 없고 깨달을 것도 없다. 따라서 윤회도 없고, 중생과 부처의 경계도 없다. 그러나 이것은 깨달은 이후의 일이다. 깨닫지 않은 상태에서는 끝없는 의식의 전변과 그에 상응하는 생사윤회는 피할 수 없는 현상이다. 윤회의 여부에 대해 논쟁하는 것은 어리석은 일이다. 중요한 것은 번뇌를 여의고 자유로운 상태에 있는지 항시 자신을 점검하는 일이다.

마지막으로 석가모니는 깨달음의 목표로 가는 바른길인 도제(道諦)를 말씀했다.

석가모니가 제시한 가장 핵심적인 수행법은 팔정도(八正道)다. 정견(正見), 정사(正思), 정어(正語), 정업(正業), 정명(正命), 정정진(正精進), 정념(正念), 그리고 정정(正定)이다. 팔정도에 관해 이 책에서는 다양한 각도에서 설명하고 있다. 그만큼 중요한 내용이다.

여기서 말하고 싶은 내용은 '바를 정(正)'의 의미다.

바름은 바로 중도(中道)를 의미한다. 중도는 다른 말로 하면 진리이자 진실이다. 본질 측면의 진리는 청정무구하고 고요한 상태이고, 현상 측면의 진실은 상황에 따라 중심이 적절하게 이동하는 생기발랄한 상태다. 표현과 정도는 다르지만, 성인들은 중도의 의미에 해당하는 말씀을 공통으로 했다.

우리가 절에 가는 진정한 의미는 깨달음에 이르는 석가모니의 말씀을 믿고 행하는 데 있다.

복을 빌러 절에 가는 사람은 불교를 잘 모르는 것과 같다. 만약 불법을 제대로 알고 믿고 행한다면, 영원한 복을 스스로 짓고 받을 수 있

다. 그렇게 되면, 자신이 처한 곳이 진리의 도량이 아닌 곳에 없게 된
다. 그렇지 않다면, 아무리 고요한 절에 가도 시끄러운 세속의 번뇌
속에 있는 상태와 다를 것이 없다. 불법은 형식에 있지 않고, 모든 것
을 통섭하는 자유로운 정신에 있다.

AI 시대에 맞게 불법의 참뜻으로 불교를 다시 세울 때가 되었다.

지금 전 세계에서 벌어지는 종교 전쟁은 종교의 참뜻을 모르는 데
서 일어나는 현상이다. 진리는 특정세력이 전유할 수 없다. 어떤 종
교가 진리를 사유(私有)할 수 있다면, 그것은 진리가 아니라 물리적
경계가 있는 이념체계에 불과하다. 진리는 마치 허공처럼 경계가 없
다. 모든 성인은 사랑과 자비로 모든 경계를 허물고, 모든 존재를 포
용했다.

모든 종교의 말씀 중에서 석가모니의 말씀은 가장 솔직하다.

석가모니는 진리의 실상이 표현과 형식에 있지 않음을 분명히 말씀
하고 있다. 《금강경》에 "만약 모습으로 나를 보려거나, 음성으로 나
를 구하려 하면, 이 사람은 사도를 행하는 것이니, 여래를 볼 수 없을
것이다(若以色見我 以音聲求我 是人行邪道 不能見如來)."라는 사구
게(四句偈)가 나온다.

이 말씀의 뜻은 모든 종교에 해당하는 진리다.

특정한 표현이나 형식으로 종교를 제한하는 사람은 절대로 진리에 이를 수 없다. 석가모니는 불교의 표현과 형식을 거부하고 심지어 부처라는 상도 완전히 제거함으로써, 역으로 불교의 진리를 제대로 밝혔다.

경전을 보면, 한 가지 재미있는 사실이 있다.

석가모니가 설법 중에 제자나 보살들을 구체적으로 거론하면서 미래 어느 때에 성불할 것이라고 말씀하는 부분이 나온다. 그런데 의아하게도 관세음보살, 보현보살 등의 대보살에게는 그런 말씀을 하지 않는다. 그 이유가 무엇일까 궁금했는데, 어느 순간에 알게 되었다.

대보살은 이미 성불한 화신불(化身佛)이다. 불보살들이 세상에 출현하는 이유는 모든 중생을 구하겠다는 원력과 그 인연 때문이다. 경전은 마치 무수한 불보살들이 중생구제의 대연극을 펼치는 대하 드라마와 같다.

불보살들이 세상에 출현하는 인연을 역으로 생각해보면, 작은 복을 구하는 것으로는 절대로 성불할 수 없다는 사실을 알 수 있다. 물질적 부가 아무리 커도 그 복은 유한하고, 깨달음의 인연과 정신은 무한하다. 모든 존재가 시작한 곳으로 다시 돌아가는 것은 중생구제의 대원력이 우주의 본심이기 때문일 것이다.

그 원력에 우리가 동참해야 완전한 깨달음의 힘을 받을 수 있다.

우리의 뜻과 우주의 본심인 불보살의 뜻이 하나가 되어 작용할 때, 중생구제의 대업이 완수된다. 이 점에서, 종교가 있건 없건 석가모니의 말씀에 귀 기울일 필요가 있다.

나는 불교가 다시 태어나기를 바란다.

그 시작은 교육이다. AI 시대에 맞는 교육 시스템을 갖추고 인재양성을 할 때다. 미래의 불교는 재가자 중심의 생활불교라고 할 수 있다. 생활불교가 활성화되면, 전문적으로 수행을 하고자 하는 출가자들이 자연스럽게 증가하게 된다. 사부대중이 하나가 될 때, 진정한 승가의 모습을 갖출 것이다.

내가 생활수행에 관련한 글을 계속 쓰는 이유는 인재를 구하고자 하는 목적 때문이다. 바른 뜻을 지닌 인재가 모여 세상의 무명을 밝힌다면, 세상은 바른 방향으로 전환되기 마련이다. 인재교육에 우리 사회의 명운이 달려있다.

불교의 미래도 결국 인재 불사의 성패에 의해 좌우될 것이다. 불교뿐만 아니라 우리 사회의 앞날을 위해서, 뜻 있는 분들이 나서야 할 때다.

AI 시대 융합문명사회의 가장 큰 특징은 경계를 허물고 하나가 되는 융합시스템이다. 경계에 갇힌 종교는 AI가 대신할 수 있다. 다행히 불교는 모든 경계를 넘는 내용을 담고 있다. 변화에 맞게 형식을 바꾸는 것은 인연법의 도리에 맞다. 융합시대의 흐름과 요구에 맞게 불교의 교육 시스템을 새롭게 융합하는 일은 석가모니의 정신을 진정으로 구현하는 중차대한 과제다.

02. 수행의 기본 원칙

건강한 심신은 수행의 기초를 이룬다.

나는 수행을 연구하면서 수행뿐만 아니라, 모든 삶의 중심 근간이 건강이라는 사실을 깨달았다. 건강은 개인의 카르마와 관련된 모든 업연의 결과다. 따라서 건강은 업(業)의 청정도를 보여주는 하나의 지표가 될 수 있다. 가장 이상적인 표상은 석가모니의 삼십이상(三十二相) 팔십종호(八十種好)다. 부처님의 모습은 최적의 건강상태를 상징한다. 무상정등정각(無上正等正覺)에는 그에 맞는 상호(相好)가 인연 화합하는 이치가 있다.

마치 신토불이(身土不二)의 도리와 다르지 않다.

카르마의 총상(總相)인 정보(正報)는 그것이 의존하는 환경인 의보(依報)와 둘이 아니듯이, 몸과 마음이 이루는 삶의 환경은 수행과 건강의 인연을 말해주고 있다. 같은 환경 속에 있는 모든 생명이 함께 연기(緣起)한다는 점에서, 사회공동체 내의 모든 사람은 공업(共業) 중생이다.

넓게 보면, 이 세상의 모든 생명은 공업 중생이다. 그렇다고 운명론자의 관점에서, 특정 모습이나 환경이 깨달음의 상태를 뜻한다고 규정하는 것은 아니다. 불교는 고정된 일체의 운명론을 거부하고, 대자유를 지향한다.

석가모니는 역술이나 신통과 같은 일체의 주술적 행위를 금했다.

여기에는 나름의 이유가 있다. 운명론이나 특별한 기적에 현혹되는 것을 막고, 각자의 인연에 따라 바른 수행을 할 때, 깨달음에 들어서기 때문이다. 운명론을 받아들이는 순간, 수행의 가장 중심이 되는 무아(無我)와 무상(無常)의 도리를 거스르는 어리석음을 범하게 된다.

그리고 무엇보다 운명론은 수행을 통한 의식상승의 무한한 가능성을 막는 역할을 한다. 수행은 운명의 속박에 반항해서, 걸림 없는 삶을 지향하는 일이다. 어떠한 경계에도 집착하지 않는 것이 수행자의 올바른 태도다.

건강도 수행과 같은 이치를 지니고 있다.

사람마다 삶의 조건과 상황이 다르기에, 건강의 인연도 차이가 있다. 특정한 건강법이 모든 사람에게 유익한 것은 아니다. 개인마다 삶의 업연에 맞게 자신만의 건강법을 개발하는 것이 좋다. 불행히도 세상에는 영원한 조화나 균형의 상태는 존재하지 않는다. 다만 끊임없이 조화로운 균형을 이루려는 실존상황이 존재할 뿐이다.

건강도 마찬가지다. 영원한 건강법은 없다. 육체가 있는 한, 누구도 생로병사의 순환을 거스를 수 없다. 인연 상황의 변화에 따라, 최적의 상태를 유지하려는 자발적인 노력이 있을 뿐이다.

인간은 소우주다.

인간뿐만 아니라 모든 존재는 소우주의 실존상황을 이루고 있다. 인간의 업(業)이 짓고 있는 행위, 시스템, 조직 등은 안팎으로 관련된 모든 연기적 인연들과 유기적인 관계를 맺고 끊임없이 변화하고 있다. 건강한 존재는 부분과 전체의 관계가 균형과 조화를 이루고 있다. 조화로운 균형을 이룬 건강한 삶은 생활수행의 일차적인 목표이자, 중도의 현실적인 구현이라고 할 수 있다.

그러므로 심신의 조화를 이루는 건강한 수행이 핵심 과제가 된다. 건강의 원리로 수행을 설명하는 것이 가장 이해하기 쉽다.

수행법을 연구하던 초기에 내 마음을 끈 말씀이 있다. 《증일아함경(增一阿含經)》에서 석가모니는 아들 라훌라에게 정좌수행의 기초를 가르치면서, "마치 어떤 비구처럼, 사람 없는 한적하고 고요한 곳을 즐기고, 편안하게 몸을 바르게 하고 뜻을 바르게 하여, 결가부좌 하라(若有比丘, 樂於閑靜無人之處, 便正身, 正意, 結跏趺坐)."라고 말씀했다.

석가모니의 말씀에는 여러 가지 복합적인 의미들이 담겨있다.

그 의미들을 하나하나 깊이 성찰하면, 건강한 수행의 비결을 알 수 있다. 먼저 '비구처럼(若有比丘)'이란 말에는, 우리가 어떤 삶을 살던, 위 없는 깨달음을 지향하는 수행자로서의 면모를 잃지 말아야 한다는 뜻이 담겨있다.

우리는 영원한 물질적 행복을 추구하지만, 어떤 것도 무아(無我)와 무상(無常)의 도리를 벗어날 수 없다. 그런데 묘하게도 우리의 삶은 물질과 의식의 경계에 갇혀있는 듯하지만, 경계 밖의 소식을 또한 담고 있다.

무아와 무상의 섭리에는, 허무한 공무(空無)가 아닌, 실존으로서 중도실상의 역동적 생명 활동이 영원히 끊이지 않는 이치가 담겨있다. 진리는 우리의 삶에서 한 치도 벗어나지 않는다. 그러므로 무엇을 하던 우리는 생활수행자로서 도리에 맞는 삶을 끊임없이 지속할 때, 건강과 진리를 동시에 얻을 수 있다.

'사람 없는 한적하고 고요한 곳을 즐기고(樂於閑靜無人之處)'란 말은 세상이 아무리 혼란스럽고 정신이 없어도 자기만의 고요함을 찾는 습관을 들이라는 의미를 담고 있다.

순간의 삶 속에서 영원한 생명의 도리를 느끼며 살기 위해서는, 현실과 이상을 동시에 바라보는 양면적인 태도가 필요하다. 재가자는 치열한 생계 활동 속에서 자신의 생명력을 크게 소진하게 된다. 따라서 소모된 생명력을 회복하기 위해서는, 자연의 기운이 충만한 전원 지역에서 심신의 휴식이 절대적으로 필요하다.

또한, 진정한 휴식을 얻기 위해서는 수행의 도리를 따를 수밖에 없다. 그러므로 도시적 삶과 전원적 삶이 조화를 이루는 도농(都農)융합형 생활시스템과 수행문화를 융합하는 일은 건강한 사회를 만드는 초석이 된다. 전국의 사찰이 그 매개역할을 하길 기대한다.

'편안하게 몸을 바르게 하고 뜻을 바르게 하여(便正身, 正意)'라는 구절은 각자 자신의 조건과 상태에 맞게 몸과 마음을 바르게 하라는 뜻이다.

석가모니의 말씀 중에서 특히 내게 깊은 인상을 준 것은 바로 이 부분이다. 정신(正身)과 정의(正意)에 착안해서, 나는 반야연구소에서 나오기 직전에 심신균형 프로그램을 만들었다. 이 프로그램의 핵심은 몸과 마음과 삶의 균형을 회복하는 방법에 있다.

나는 2012년 심신균형아카데미를 만들어, 당시 후배가 교수로 있던 한국체육대학교에서 몸과 마음의 균형을 주제로 생활습관개선 프로그램을 운영한 바 있다. 육체와 정신은 하나로 연결되어 있으므로, 통합적인 관리가 필요하다.

지금은 정의(正意)에 중점을 둔 생활수행에 좀 더 집중하고 있다.

우리가 건강하지 못한 삶을 사는 원인은 무엇보다 어리석기 때문이다. 어리석음의 핵심은 뜻(意)이 바르지 못하기 때문이다. 바른 뜻이 있는 사람은, 비록 일시적인 방황과 고통은 있을지라도, 진리에 이르는 길을 잃지 않는다. 바른 뜻이 진리로 가는 여정에서 바른길로 안내하는 표지판과 같기 때문이다.

한편 바른 뜻은 바른 지혜에 근거한다.

세상에 대한 바른 식견은 바른 뜻을 일으키고, 우리 삶을 건강하게 만드는 중심이다. 일차적으로 무아(無我)와 무상(無常)을 깨닫는 것이 어리석은 집착에서 벗어나는 길이다. 이 점에서, 나는 연기법에 바탕을 둔 지혜수행을 강조하고 있다. 불교가 다른 종교와 다른 가장 큰 차이점이자 장점은 모든 경계를 넘어가는 근원적이고 구체적인 지혜에 있다.

정신(正身)과 정의(正意)에 관한 보다 구체적인 내용은 다음 장에서 다루고 있다.

마지막으로 '결가부좌하라(結跏趺坐)'는 말에는, 몸의 중심을 확고히 잡아야 마음의 동요를 장악할 수 있다는 의미가 내포되어 있다.

완전한 깨달음에 이르기 전까지는, 몸도 마음도 생명의 율려작용에서 벗어날 수 없다. 음양이 순환하는 과정에서, 생명 기운의 거대한 힘에 휩쓸리지 않는 일차적인 방법은 몸의 중심을 확고하게 잡는 것이다. 결가부좌를 하면, 몸의 좌우, 상하 움직임을 통제할 수 있다. 물론 개인의 몸 상태에 따라 반가부좌나 다른 편한 자세도 좋다.

중요한 것은 흔들림을 조율하는 일이다.

이러한 이치는 마음에도 그대로 적용된다. 마음의 산란함을 다스리기 위해서는 어떤 한 대상에 마음을 집중하는 방편이 필요하다. 예를 들어, 염불, 다라니, 화두 등에 의식을 단단히 고정함으로써, 몸의 각종 감각이나 마음의 온갖 사념(邪念)에 의식이 휩쓸려가는 것을 막을 수 있다.

나는 한때 정신적 방황을 크게 한 적이 있는데, 그때 불법의 이치가 내 마음을 안정시켰다. 반야연구소에서 수행을 본격적으로 연구하기 전에는, 수행에 관해서 나는 잘 몰랐다. 그런데도《천수경(千手經)》의 한 구절이 내 의식을 사로잡았었다. 그 구절을 다시 함께 음미해보자.

"죄는 본래 자성이 없이 마음 따라 일어나(罪無自性從心起)/ 마음이 만약 없어지면 죄 또한 사라지니(心若滅時罪亦亡)/ 죄와 마음이 사라져 함께 공이 되면(罪亡心滅兩俱空)/ 이것을 진실한 참회라 하네(是則名爲眞懺悔)."

이 사구게(四句偈)를 통해 나는 무상과 무아를 느끼고, 고통의 원인을 이해할 수 있었다.

위에 인용된 구절에서 마음은 만유의 근본인 본심(本心)이 아닌, 개별 존재의 분별의식을 말한다. 우리의 마음은 한시도 가만히 있지 않다. 온갖 상념과 욕망이 우리 마음속에 잠복해 있다가, 의식의 종자와 현상의 인연이 만나면, 용암이 분출하듯이 폭발하게 되어있다.

이 때문에 아무리 몸이 편안해도 마음이 불안하면, 건강한 삶을 유지할 수 없다. 따라서 몸을 이해하는 것이 수행의 시작이라면, 매임 없이 자유롭게 마음을 쓰는 것이 수행의 끝이라고 할 수 있다. 이 점에서, 우리는 우주와 인간 생명의 시작과 끝을 동시에 이해할 필요가 있다.

모든 존재가 소우주라는 점에서, 우주와 인간의 생멸(生滅)은 규모의 차이가 다를 뿐 같은 원리로 순환하고 있다.

《기세경(起世經)》과 《유가사지론(瑜伽師地論)》을 종합해보면, 물질의 근본으로 구성된 색계 사선천(四禪天)과 무명의 근본인 미세한 식(識)으로 이루어진 무색계, 그리고 색계와 무색계의 근본인 불성이 함께 있다가, 홀연히 한 생각이 일어나 우주가 생성된다는 사실을 알 수 있다. 만물은 식(識)으로 인해 생겨나지만, 소멸할 때는 역순으로 색(色)의 사라짐과 더불어 근원으로 돌아간다.

우주 만물은 성주괴공(成住壞空)의 연기(緣起)를 반복하고 있다.

수행도 십이연기(十二緣起)와 오음의 순환 이치에서 벗어나지 못한다. 따라서 생명의 순행(順行)과 역행(逆行)의 도리를 동시에 이해하고 닦을 때, 수행은 완성된다.

무명(無明)에서 노사(老死)까지 십이연기가 순차적으로 전개되는 생멸문(生滅門)과, 십이연기를 거슬러 무명을 벗어나는 환멸문(還滅門)은 서로 하나로 연결되어 있다. 수행의 이치에서 보면, 삶과 죽음의 관계는 시종(始終)이 아니라 종시(終始)로, 진리의 본심(本心)에 바탕을 둔 영원한 생명이 있을 뿐이다.

따라서 금욕주의적인 수련을 통해 육체적 의식을 없애버리는 데 수행의 목적이 있다고 생각하면 큰 착각이다.

몸과 마음과 삶의 바른 행위를 통해 모든 오욕락(五欲樂)으로부터 자유로워지는 데 수행의 일차목적이 있다. 일체의 대상을 평등하게 대하면, 심신이 편안하고 삶은 건강해진다. 머무르는 바도 없고, 집착하는 바도 없으며, 도리에 맞게 인연을 대하는 것이 수행과 건강의 최고 비결이다.

03. 수행의 토양과 종자, 정신(正身)과 정의(正意)

AI 시대가 본격화될수록 여러 영역에서, 첨단 과학기술로 인간의 정신을 깨우는 방법이 발전하고 있다.

그런 차원에서 수행도 다양해지고, 전문화되고 있다. 그러나 수행법의 발전에 비해 완전한 깨달음과는 거리가 멀다는 아쉬움이 있다. 이것은 세속적인 목적으로 수행이 관념화되거나 대상화돼 있어서, 일체에 매임이 없는 깨달음과는 시작부터 거리가 멀기 때문이다.

그 결과, 명상이 깊어질수록 일시적인 신통에 불과한 신비체험에 빠지는 일은 많다.

순수한 상태에서 온전한 깨달음을 지향하지 않으면, 수행 중에 물질과 관념의 허상에 사로잡히게 마련이다. 이 점에 관해 참고할 사항은, 석가모니가 《능엄경》에서 밝힌, 색수상행식(色受想行識)을 청정하게 전화시키는 과정에서 단계마다 나타나는 10가지 마경(魔境)이다. 일반적인 현상은 밝은 빛, 거룩한 모습, 음성 등을 의식하는 경우다. 사실 이 모든 것은 수많은 업연으로 청정하지 못한 자의식이 만든 허상이다.

토양과 심는 종자(種子)가 다르면, 결과도 다르게 나오는 법이다.

따라서 수행의 시작부터 기본을 바르게 세워야, 바른 깨달음에 이를 수 있다. 수행에는 무엇보다 기본이 중요하다. 수행의 기본에 관해서 우리가 눈여겨볼 내용은 《증일아함경》에서 석가모니가 아들 라훌라에게 한 정좌 수행의 기초에 관한 말씀이다.

바로 앞 장에서, 이 부분에 관한 전체적인 의미를 설명했다. 여기서는 정신(正身)과 정의(正意)에 관해서 다른 각도에서 설명하고자 한다. 석가모니의 말씀은 다양하게 곱씹어볼수록 새로운 의미가 샘솟는 특징이 있다.

먼저 수행의 기본 토양은 몸의 바른 상태다.

'몸의 바름(正身)'은 여러 가지 의미가 있다. 몸의 일차적 상태는 오온(五蘊)에서 색(色)이다. 그러나 몸은 감정과 느낌의 영향을 크게 받으므로 수(受)의 경계이기도 하다. 더욱 세밀히 확대하면, 상행식(想行識)과도 관계가 있다. 심신의 상호작용에 있어서, 핵심은 균형이다.

수행의 측면에서, 심신 균형에 관한 구체적인 내용은 《나를 찾을 결심》, 《융합창의력과 인간교육》, 《어둠을 밝히는 지혜》 등을 참고하기 바란다. 여기서는 생활 측면에서, 정신(正身)을 이루는 방법에 관해 중점을 두고 고찰해보도록 하겠다.

삶의 환경에 대처하는 자세가 몸의 균형에 큰 영향을 미친다.

태도의 성실성은 심신을 청정하게 만든다. 예를 들어, 출가수행자는 행자 시절에 엄격한 계율을 지키며 가장 낮은 자세로 생활에 임함으로써, 세속의 욕망과 집착을 제거하고 순수하고 성실한 태도를 몸에 익히게 된다.

계(戒)를 지키는 상황은 재가자와 출가자가 다르지만, 계율의 근본 목적은 같다. 그것은 도(道)를 닦을 수 있는 청정한 심신의 상태를 이루기 위함이다. 계율에 관한 보다 구체적인 내용은 〈수행은 계정혜의 단계적 상승작용〉에서 다루고 있다.

진리를 향한 지극한 마음과 성실한 삶의 습관이 초기 수행과정에서 가장 중요한 요소다. 두 가지 요소가 상승작용을 하면서 청정한 심신을 만든다. 기본 토대를 제대로 마련한 이후에, 본격적인 수행이 가능하다. 이를테면, 예전에 도제 기간에 성실성을 확인받은 이후에 전문적인 도공 기술을 배울 수 있었던 도공의 경우와 같다.

심신이 지극히 순수하고 성실한 상태에서, '바른 뜻(正意)'을 세울 수 있다. 이때부터 바른 믿음과 정견의 기틀은 마련된다. 여기서 한 가지 주의해야 할 사실이 있다. 수행법도 하나의 경계를 이루고 있어서, 어느 단계에 이르면 오히려 깨달음의 큰 장애가 될 수 있다. 지극히 진실한 마음이 본질이고, 그 외 수행법, 공간, 시설 등은 수행 요건에서 부차적인 문제다.

진실한 마음은 환경과 인연을 대하는 태도에 그대로 반영된다.

일체의 경계와 대상을 대하는 태도에 따라서 선악이 뒤바뀔 수 있다. 악(惡)도 쓰는 마음에 따라 선(善)이 된다. '마음의 바름(正意)'은 중도의 이치에 있다. 여기서 중요한 것은 '뜻(意)'이다. 앞서 언급했듯이, 나는 수행 차원에서 한문 경전을 중시한다. 유교와 도교뿐만 아니라 선도(仙道)의 수행 정신이 불교 경전 속에 하나로 녹아있기 때문이다.

이 점에서, 의(意) 자가 주는 의미를 깊이 성찰해보겠다.

의(意)는 소리 음(音)과 마음 심(心)이 결합한 단어다. 소리는 물리적인 소리와 마음의 근원에서 나오는 본성의 울림 두 가지가 있다. 일반적인 소리는 물리적 상호작용에 그치지만, 본성 저 밑바닥에서 우러나와 순수한 울림을 주는 소리는 그 파장이 다르다.

바른 뜻을 내는 소리는 가아(假我)의 마음과 본심(本心)을 연결하는 인연의 줄이 된다. 물리학의 '초끈이론'으로 비유하면, 의식의 근본에서 나오는 소리는 입자와 파동의 특성을 동시에 지니며 온 우주를 하나로 연결한다. 관세음보살이 진리의 세계에서 일체중생을 구하는 이치기도 하다.

대우주는 바른 섭리의 뜻으로 운행되고 있다.

삼신불에 비유하면, 보신불(報身佛), 즉 불법의 기운이 시방세계를 융합하는 작용과 같다. 진리의 법신과 그 작용인 보신과 화신은 서로 통한다. 바른 '뜻(意)'은 법신과 화신을 연결하는 보신의 작용이다. 바른 뜻은 진리의 완전한 지혜를 성취해서 모든 중생을 구제하겠다는 자비심을 내는 마음이다.

바른 지혜와 자비심이 하나 된 마음이 깨달음의 근본 종자다.

이 종자가 없다면, 어떤 수행을 하더라도 뜬구름을 잡는 것과 같다. 그러므로 결코 위 없는 깨달음을 성취할 수 없다. 오히려 정의(正意)가 없는 명상은 부처의 탈을 쓴 악마와 같은 존재를 만들 수도 있다. 이 때문에 AI가 기술적인 명상에 이용된다면, 엄청난 피해를 불러일으킬 수도 있다.

수행의 중점은 진실한 도리로 온전한 깨달음으로 가는 일이다.

수많은 수행법은 진실한 삶을 보조할 뿐이다. 공자가 일상에서 걸림 없는 도(道)를 체득한 비결도 변화의 도리에 맞는 진실한 삶이었다. 삶이 진실하면, 심행(心行)이 고요해지고 아집이 사라진다. 그 결과, 무아(無我)의 삶으로 공성(空性)을 원만히 체득하고, 일체중생을 품는 자비심이 일어난다. 또한, 대자대비의 마음에서 편견 없는 지혜가 발현된다.

진실한 삶은 진리로 들어가는 영원불변의 요건이다.

세상에 석가모니와 같은 완전한 깨달음에 이른 자가 없는 이유는 바른 뜻을 끝까지 유지하며 사는 자가 매우 드물고, 그 뜻을 대우주의 모든 존재로 확장한 자는 더욱이 지극히 드물기 때문이다. 기본이 바르지 않으면, 시작은 비슷하나 끝은 천문학적인 차이로 벌어질 수밖에 없다. 초발심이 정등각이라는 말씀의 이치이기도 하다.

한편, 바른 수행에는 천지인(天地人)의 삼재가 모두 작용한다.

현재 AI가 통제하기 힘들 정도로 발전하고 있으므로, 앞으로 세상은 시간과 공간 그리고 사람이 모두 변할 수밖에 없는 문명사적 대전환의 흐름 속에 있다. 이 와중에서도, 인류는 정신을 못 차리고 서로 주도권 싸움을 하고 있다. 현재 세상은 매우 위험한 상태다.

시대변화의 혼란 속에서 휩쓸리지 않고 온전하게 살아남는 가장 안전한 길은 동서통합의 수행원리를 알고 일상의 삶 자체를 수행으로 삼는 일이다.

동서융합시대에는 삶의 도리에 관해서 모든 성인(聖人)의 말씀을 함께 성찰하는 습관을 갖는 것이 바람직하다. 성문(聖文)을 늘 가까이함으로써 흐트러지기 쉬운 마음을 경책하고, 일체 경계를 넘는 중도의 지혜를 함양하자. 동서의 문화가 중도의 보편 도리로 서로 통할 때, 진정한 신문명사회는 도래하게 된다.

이 점에서, 미국의 공자라는 에머슨의 사례를 참고해보겠다.

2025년 9월에 전자책으로 나온 《미국의 정신 에머슨》은 동서양의 종교사상을 하나로 수용한 에머슨의 초절주의 사상을 통해, 진리에 이르는 통섭적 수행원리를 소개하고 있다. 물질세계에서 사는 우리가 정신세계로 진입하기 위해서는, 두 세계를 연결하는 가교역할이 필요하다.

에머슨의 중도적 실용주의는 그 역할을 충실히 할 수 있다.

에머슨은 융합문명의 설계도를 제시했지만, 현재 미국은 그 꿈을 미쳐 다 이루지 못하고 혼란 속에 있다. 우리가 수행문화를 통해 전 세계의 평화를 선도할 보편적 정신문화를 확립하길 바라는 마음으로, 나는 이 전자책을 냈다.

에머슨은 평생 바른 도리를 추구했다. 비록 그가 전문적인 수행을 한 사람은 아니지만, 진리를 향한 진실한 마음은 깨달음을 향해 나아가는 선승(禪僧)의 용맹심과 다르지 않았다. 의식과 표현의 한계를 깨부수고 끊임없이 진리로 전진하게 만든 원동력은 바로 진실한 도리였다.

진실한 마음과 보편 도리로 진리를 향해 나아가면, 점차 모든 한계를 넘어 '해방의 신'으로 상승하고, 마침내는 스스로 '하나님'이 된다고, 에머슨은 보았다. 그에게 하나님은 부처님과 다르지 않았다. 이처럼 진리를 추구하는 바른 뜻은 모든 종교의 형식과 표현을 초월한다.

에머슨의 사상 속에는 모든 종교의 본질이 하나로 융합되어 있다. 그에게 표현은 진리를 가리키는 단지 일시적인 수단일 뿐이었다. 그의 정신에 감화된 당대의 젊은이들이 힘을 모아 종교의 경계와 한계를 깨부수고, 19세기 미국 사회에서 종교혁명 못지않은 종교개혁을 이루었다.

종교의 형식을 넘어 진리를 추구한 점에서, 에머슨의 정신은 불교의 정신과 다르지 않다.

진실은 진실로 통하는 법이다. 한편 《미국의 정신 에머슨》은 에머슨에서 비롯된 내 수행의 인연을 동서 융합의 관점에서 새롭게 정리한 것이기도 하다. 이를 계기로 내 수행의 차원을 한층 높이도록 노력하겠다. 이 책을 읽는 사부대중과 함께 AI 시대 보편적인 생활수행의 길을 함께 가기를 희망한다.

04. 수행은 계정혜의 단계적 상승작용

수행 공부의 기본은 계정혜(戒定慧) 삼학(三學)이다.

계(戒)는 정(定)의 토대고, 정은 혜(慧)의 관문이다. 수행의 결과는 계정(戒定)을 통해 지혜를 얻는 데 달려있다. 지나치게 계율에 집착하면, 부분에 막혀 전체를 보지 못한다. 또한, 과도하게 선정에 몰두하면 선정락(禪定樂)에서 빠져 헤어 나오기 힘들다.

이 현상이 심해지면, 세상의 삶이 허무해진다.

계(戒)와 정(定)을 통해 확보한 수행의 힘으로 석가모니의 말씀을 일상에서 관(觀)하는 습관이 체득되고 지혜가 성숙할 때, 최종 목적지인 완전한 지혜에 이를 수 있다. 수행에 입문한 초보 수행자는 계정혜 중에서 특히 계율에 주의를 기울일 필요가 있다.

수행은 운전에 비유할 수 있다.

운전면허를 따기 위해서는 먼저 운전법규와 기본 실기를 배우고, 정해진 방식에 따라 시행하는 운전시험에 합격해야 한다. 시험장은 외부적 상황이 배제된 공간이다. 그러나 실제 운전을 하는 도로에는 예기치 못한 변수들로 가득하다. 돌발적인 상황으로 인해, 시험장에서처럼 운전할 수 없는 경우가 종종 생긴다. 차량 흐름이 운전 규칙에 우선할 때는, 융통성을 발휘해서 상황에 맞게 운전하는 것이 안전하다.

수행도 운전과 같다. 수행의 기초는 엄격한 계율을 통해 굳건하게 다져진다. 기본적으로 오계(五戒), 즉 불살생(不殺生), 불투도(不偸盗), 불사음(不邪陰), 불망어(不妄語), 그리고 불음주(不飲酒)는 심신의 청정성을 회복하는 데 필수적이다.

불도의 완성은 복(福)과 지혜가 겸비돼야 가능하다. 오계를 어기면 어길수록 복과 지혜를 줄어들게 만드는 상황을 자주 마주하게 된다. 오계를 지키지 않은 결과로, 심신이 탁해지고 각종 마장(魔障)이 불현듯 엄습하기 때문이다. 자업자득(自業自得)의 이치가 수행에도 그대로 적용된다.

오계를 어기면, 그에 상응하는 업을 받게 된다.

대표적인 예를 들어보면 실감할 수 있을 것이다. 살아있는 생명을 죽이는 과보는 단명(短命)이나 각종 병고(病苦)다. 남의 물건을 훔치는 과보로, 자신이 갖고 싶은 것을 얻을 수 없는 상황에 부닥치게 된다.

음행(淫行)의 과보로는 무엇보다 남편이나 아내의 품행이 바르지 않는 인연을 만나게 된다. 세속에 사는 사람들은 특히 삿된 사음(邪陰)에 빠지기 쉽다. 사음을 경책하는 대표적인 책으로 《불가록(不可錄)》을 들 수 있다. 이 책에 나오는 일화들은 누구나 깊이 음미해볼 필요가 있다.

헛된 말을 하는 과보로는 다른 사람으로부터 비방을 당하거나, 가까운 친구를 잃을 수 있다. 술을 즐기면, 심신이 탁해지고 판단력이 흐려지는 과보를 받을 수 있다. 무엇보다 지나친 음주는 심신을 병들게 한다.

오계를 범한 과보가 무서운 것은 그로 인해 무명(無明)의 원인이 되는 탐진치(貪瞋癡) 삼독(三毒)이 의식 속에 뿌리를 내리기 때문이다.

자신이 범한 잘못된 습성의 종류와 정도에 따라 과보로 만나게 되는 악연의 폭과 세력은 달라진다. 따라서 수행에 방해가 되는 업연을 끊기 위해서는 무엇보다 그 원인이 되는 종자(種子)를 제거하는 수밖에 없다. 이 점에서, 몸과 마음과 삶에 박힌 독소를 제거하는 일은 수행의 첫걸음이다.

가장 먼저 자신이 지은 죄를 참회하는 것이 순리다.

지은 죄가 많이 쌓인 사람이 복과 지혜를 구하는 것은 연기법의 이치에 맞지 않는다. 자신의 죄는 현재 자신이 받는 고통을 역으로 성찰하면 알 수 있다. 참회하지 않는 사람은 수행의 장애가 많거나, 잘못된 길로 나아가기 쉽다.

수행자에게도 오계를 지키지 못할 상황은 존재한다.

불투도(不偸盜), 불사음(不邪陰), 그리고 불망어(不妄語)는 누구나 인정하고 반박할 수 없는 계율이다. 그러나 불살생(不殺生)과 불음주(不飮酒)의 계율은 때에 따라서 논쟁의 여지가 있다. 우선 불살생의 계율이 가장 문제가 되는 경우는 적과 대치해서 자신과 가족 그리고 사회의 안전을 지키기 위해 불가피할 때다. 이 경우에 살생의 죄는 합법적으로 면책될 수 있다.

하지만 그로 인한 업연은 피할 수 없다.

불살생은 또한 육식과 관련된 경우에도 논란이 된다. 이때는 건강이라는 측면에서 바라볼 필요가 있다. 채식을 주로 하는 출가수행자는 사회에 나올 때는 적절한 육식을 통해 영양의 불균형을 예방할 필요가 있다.

반대로 잡식(雜食)을 주로 하는 재가자는 정기적으로 절에 들어가서 채식하는 것이 몸의 균형을 맞추는 데 도움이 된다. 수행에서 채식을 주장하지만, 엄밀히 관찰하면, 채소 속에서도 엄청난 미생물들이 존재하고 있다. 우리는 알게 모르게 수많은 생명의 희생 덕분에 존재할 수 있는 것이다.

모든 생명을 구제하겠다는 서원을 세워야 완전한 깨달음이 가능한 이유는 이러한 생명 인연의 굴레 때문인지도 모르겠다.

문제는 육식이나 채식이 아니라, 건강식이다. 영양이 균형을 이룰 때, 수행의 힘을 크게 받을 수 있다. 석가모니도 세상에서 가장 질 좋은 음식 덕분에 기력을 회복하고, 마지막 깨달음에 들어갔다. 또한 성도(成道) 이후 중생구제에 나설 때도, 보시하는 사람이 주는 대로 공양을 받았다. 다만 하루에 한 번만 공양을 들었을 뿐이다.

또 다른 논쟁거리로 음주가 있다.

체질적으로 알코올을 분해하는 능력이 없는 사람을 제외하고, 몸 상태에 따라서는 적절히 조절하면 술은 좋은 음식이 될 수도 있다. 특히 사회생활을 하는 데 있어서 사람과의 관계를 맺는 데 적당한 술은 윤활유 역할을 한다. 수행이 완성된 사람은 술에 의해 장애를 입지 않는다.

수행 중인 사람들도 때로는 전법의 수단으로 술을 할 수 있다.

시절 인연에 따라 하는 적절한 음주는 수행과정에 지장을 주지 않는다. 음주도 연기적 상황에서 벗어날 수 없다. 그러나 집중수행을 할 때는, 금주가 철칙이다. 선정의 상태로 가기 위해서는, 청정무구한 심신의 상태는 무엇보다 중요하다.

수행의 핵심 단계는 오온(五蘊), 즉 색수상행식(色受想行識)이다.

이 다섯 단계를 하나하나 정화하면, 마침내는 청정한 본래의 마음이 드러난다. 계율은 색수(色受)의 정화에 필수적인 과정이다. 계율이 완성되면, 선정의 단계로 쉽게 넘어갈 수 있다. 그러나 선정의 과정은 계율보다 길고 깊고 폭넓다.

선정은 특히 상(想)을 끊어내는 데 도움이 된다. 폭류(暴流)와 같은 의식의 연상작용을 끊기 위해서는 방편이 필요하다. 방편으로 소리, 화두, 염불 등을 집중대상으로 삼을 수 있다. 자신의 인연에 맞는 집중대상을 찾는 것이 요점이다. 다만 선정수행에서 주의할 사항들이 있다.

화두 참선의 경우에는 상기병(上氣病)에 주의한다.

의식 속에서 화두에 지나치게 집중하면, 기혈이 뇌에 침범해서 뇌출혈과 같은 뇌 질환이 발생할 수 있다. 호흡으로 선정을 닦을 때도 기(氣)의 흐름이 지나치면, 각종 질병을 유발한다. 이 점에서, 전문 수행자에게 의학지식은 필수적이다.

한편 선정이 깊어지면 신경이 활성화되면서, 평소에는 의식하지 못한 환각을 느끼거나, 환청을 들을 수 있다. 이러한 현상을 깨달음의 신호로 보면 안 된다. 이때는 모습이나 음성으로 여래를 구하면 찾을 수 없다는《금강경》의 경책을 깊이 반추한다.

사실 이러한 환각과 환청은 자신의 의식이 만들어낸 부처가 드러난 현상이다. 평소 석가모니의 말씀을 가까이해서, 자신이 만든 가짜 부처를 분별하는 지혜를 길러야겠다.

오온의 행식(行識) 단계에 이르면, 단순히 앉아서 선정을 구하는 것만으로는 부족하다. 독립된 공간에서 하는 집중수행과 더불어, 현실 속에서 만행(萬行)을 통해 생동하는 생명의 기운과 삶의 지혜를 체득하는 일을 병행해야 한다.

위 없는 깨달음은 모든 인연이 성숙할 때 가능하다.

이 점에서, 수행자들도 다양한 삶의 현장에서, 다양한 직업을 통해, 살아있는 지혜를 구하는 것이 바람직하다. 전문교육을 통해 각 분야에서 전문가로 활동하는 일본과 대만의 스님들의 사례를 참고해야겠다. 수행문화의 전문화와 더불어 대중화가 어느 때보다 필요한 시절 인연이다.

석가모니의 전생담인《팔상록》을 보면, 깨달음을 향한 장구한 인연이 어떠한지 엿볼 수 있다.

우리는 깨달음의 인연으로 사바세계에서 태어났다. 단순히 성공하기 위해 세상에 온 것은 아니다. 세속적인 성공은 필멸할 수밖에 없는 물질적 역할에 불과하다. 우리가 지향해야 할 삶은 영원한 생명의 삶이다.

따라서 우리는 무엇이 되고자 노력하기보다는, 어떻게 사느냐에 집중해야 진리에 이를 수 있다. 물질적 역할은 진리의 삶에 이르는 수단일 뿐이다. 물론 수단이 중요하지만, 수단에 종속되면 본말이 전도된 삶을 살 수밖에 없다.

물질적 역할은 명사적(名詞的) 현상이다.

뭔가로 규정된 명사적 역할은 누군가가 나를 대신할 수 있다. 물질적 성공은 잠시의 편안함을 줄 뿐이다. 역할에 필요한 지식은 고정된 대상을 전제로 성립한다면, 지혜는 끊임없이 살아 움직이는 생명 현상에 대한 통찰이다. 정해진 운명이 있다고 보는 시각으로는 명사적 관념의 틀에서 벗어나지 못한다.

반면에 불교의 지혜는 일체의 관념을 깨고 참된 자유를 지향한다. 따라서 사회적 지위나 경제적 안정 등의 물질적 추구보다는, 어떤 삶을 영위하느냐가 깨달음에 중요하다. 일체지(一切智)를 성취하면, 세상에서 못 이룰 일은 없다.

영원한 생명은 동사적(動詞的) 흐름이다.

동사적 흐름이란 일체의 역할과 존재에 걸림이 없는 상태, 즉 무아(無我)다. 무아는 내가 없는 것이 아니라 일체에 머무름이 없는 자유로운 삶을 말한다. 따라서 무아는 명사적 존재에서 동사적 삶으로의 전환이다. 순간순간 독특하게 생동하는 동사적 삶은 누구도 나를 대신할 수 없다.

영원한 삶만이 있으므로, 존재 아닌 존재가 된다. 그러므로 진아(眞我)란 표현은 특별한 모습으로 존재하는 삶을 의미하는 것이 아니라, 집착이 없는 무아의 상태에서 일상의 행위가 자발적으로 도리에 부합하는 삶 자체를 뜻한다.

모든 수행 방편은 최후에는 버려야 할 대상이다.

수행의 대상은 고해의 바다를 건너 피안으로 가는 배의 역할을 할 뿐이다. 선정도 지혜를 구하는 수단에 불과하다. 무엇보다 대승의 지혜는 세상을 구하는 자비의 지혜다. 《현관장엄론(現觀莊嚴論)》에서 미륵보살은 "지혜는 삼유에 머물지 않고, 자비는 열반에 들지 않는다(智不住三有, 悲不入涅槃)."라고 말씀했다.

대보살들이 삼유, 즉 삼계(三界)를 뛰어넘는 지혜를 갖추고, 삼계에 머물러 자비행을 하는 이유는 여기에 있다.

수정(修定)이 경계 안의 마음집중이라면, 지혜수행은 경계에서 자유로운 통찰력의 함양이다. 공자의 표현을 빌리자면, 만사를 아우르는 일이관지(一以貫之)의 지혜를 체득하는 것이다. 그 경지는 현실에서 하고 싶은 대로 해도 법도에 어긋나지 않는 자유로운 삶의 실현이다.

따라서 운명에서 벗어나는 최고의 방법은 고정된 무엇을 소망하는 기도가 아닌, 참된 자유의 지혜를 추구하는 수행이다. 기도가 복을 비는 행위가 아닌 성찰로 전환되면, 기도도 운명을 개선하는 수행이 될 수 있다.

수행의 원리는 세상경영의 원리이기도 하다.

도리에 맞지 않게 무엇을 갈망하는 태도는 수행뿐만 아니라, 사회를 망치는 원인이 된다. 도리에 안 맞는 욕망과 집착이 모든 조직의 불균형을 일으키는 근본 원인이다. 균형의 도리는 양극적인 요소들이 대립하는 현실 속에서 삶의 지혜로 체득할 수밖에 없다.

이 점에서, 우리 사회에 지혜수행이 절실히 필요한 시점이다.

05. 현상과 진리의 양면적 수행

수행(修行)은 몸과 마음과 삶의 흐름을 닦아 청정한 본식(本識)을 회복하는 일이다. 의식이 개화되는 과정에서 우리는 수많은 자아(自我)를 만나게 된다. 그 자아는 분별의식이 만든 가아(假我), 즉 '가짜의 나'다.

석가모니는 자아의 실상을 오온(五蘊)으로 설명했다.

오온은 색수상행식(色受想行識)으로 나의 광명(光明)을 가리고 있는 다섯 층의 무명(無明) 덮개다. 나의 밝은 진아(眞我)를 회복하기 위해서는 무아(無我)의 수행과정을 거칠 수밖에 없다. 나를 버림으로써 역으로 진정한 나를 찾는 것이다. 무아와 진아의 양면적이고 역설적인 관계를 바르게 통찰하고 삶 속에서 회통(會通)하는 것이 수행의 핵심이다.

인생은 한바탕 꿈과 같다.

장자(莊子)는 나비의 꿈을 예로 들어 무상한 만물의 변화가 존재의 실존상황이라는 사실을 말했다. 에머슨은 인생을 '부드러운 꿈과 격

렬한 꿈 사이의 선택'이라고 했다. 물론 두 사람 사이에서 관점은 다르다. 장자는 자유로운 소요(逍遙)에 삶의 방점을 두었고, 에머슨은 인생의 덧없음과 더불어 인간의 자유의지를 강조하고 있다.

양자물리학이 발전하면서 우리가 사는 세상이 환영에 불과하다는 사실이 주목받고 있다. 인생이 비록 꿈과 같은 상태라 할지라도, 어떤 꿈을 선택할지는 우리의 의지에 달려있다. 그리고 그 의지가 운명을 결정한다.

석가모니는 부평초와 같은 인생의 항로를 십이연기(十二緣起)로 설명했다. 알기 쉽게 12단계로 설명했지만, 존재의 갈래는 저 우주의 별만큼이나 다채롭다고 할 수 있다. 수행은 어둠의 미로에서 본원(本源)의 밝은 고향을 찾아가는 여정과 같다.

본성의 자리에 이르는 과정에서 만나는 모든 현상은 환영과 같을지라도, 그 순간에는 실존의 상황이다. 환영을 통해 본질이 구현되기 때문이다. 따라서 수행자의 중심과제는 삶의 환영을 잘 선택하고 바르게 관리하는 일이다.

환영의 선택과 관리라는 점에서, 나는 수행을 인연을 닦는 일이라고 정의하고 있다.

인연은 자신의 수행을 안내하는 길잡이 역할도 하지만, 자신을 구속하는 양면성을 지니고 있다. 많은 수행자가 어떤 수행법의 경계에 갇히는 원인은 인연의 역학이 작용하기 때문이다. 마치 종교의 표현과 형식이라는 장막이 진리를 가리는 무수한 인연사를 확장해서 생성하는 것과 같다.

명상을 예로 들어보자.

명상은 자신의 무의식 속에 있는 신령한 의식을 밝혀 일상의 삶을 도리에 맞게 사는 동력을 주는 데 그 의의가 있다. 그러나 명상 속에 접한 어떤 신비한 체험이라는 인연에 사로잡히면, 현상과 진리의 총체성을 상실하기 쉽다. 이처럼 현상과 진리를 연결하는 인연의 이중성을 이해하지 못하면, 삶도 수행도 공허하게 된다.

또 다른 중요한 예로 윤회설을 들 수 있다.

수행의 핵심 가르침은 십이연기에 있다. 우리가 생사를 반복하는 근본 원인이 바로 십이연기에 있다는 사실을 석가모니는 분명하게 말씀했다. 생사윤회는 생명의 순환원리에 근간한다. 사실 우리는 지금 매 순간 생사윤회하고 있다. 우리의 몸을 이루고 있는 세포가 끊임없이 생멸(生滅)의 현상을 반복하고 있다.

우리의 의식도 끝없는 흐름 속에 있다.

마음이 평온하다고 느낄 때도, 마음은 한순간도 고요한 상태에 있지 못하다. 일반적으로 명상을 통해 얻은 고요함은 일시적인 감각인 경우가 대부분이다. 우리의 삶은 또 어떠한가? 끝없는 격랑 속에 존재하는 것이 우리의 삶이다.

바른 수행을 하기 위해서는 현상과 진리의 양면성을 여실하게 이해하고, 현상에 근거해서 진리로 나아가는 법을 알아야 한다.

AI가 고도로 발전하면, 현실과 가상을 하나로 연결하는 메타버스 (metaverse)의 세계가 실현될 수 있다. 가상현실 속에서 자신의 중심을 잡고 본질을 파악하려면, 수행의 삶을 살지 않을 수 없다. AI 시대가 수행의 시대라고 하는 이유는 여기에 있다.

수행이 점점 중요해지는 시대에 살고 있지만, 정작 사람들은 수행의 의미를 잘 모른다. 심지어 수행자라고 하는 사람들의 삶을 봐도 수행자로서의 모습이 잘 보이지 않는다. 대부분 수행자는 자기가 하는 특별한 수행법과 그것으로 얻는 경지를 최고의 가치로 얘기하고 있을 뿐이다.

사실 수행에는 수많은 단계가 있고 경계가 있다.

수행자의 상황과 특성에 맞게 명상, 염송(念誦), 기도, 봉사, 호흡, 관음(觀音), 관상(觀象), 포행(布行) 등 무수한 수행방법이 동원될 수 있다. 우리의 삶은 한시도 고정되어 있지 않으므로, 사실상 모든 수행법을 자신의 인연 변화에 맞게 활용할 수 있는 융통성 있는 지혜가 필요하다.

몸과 마음과 삶이 생명의 율려작용과 하나가 될 때, 우리는 진정으로 적멸의 상태에 들어갈 수 있다. 시공간의 구속에서 벗어나는 비결은 대자유의 상태에서 우주의 율동과 함께하는 것이다. 그 시작은 일상의 삶 속에서 생명의 도리에 맞게 사는 일이다.

반면에 생명의 이치를 모르고 의식상에서만 무아(無我)를 추구하면, 허무한 공무(空無)의 경계에 빠지기 쉽다.

이 상태는 무아가 아니라, 무기(無記)다. 마치 생명이 없는 허깨비와 같은 상태다. 무아는 내가 없는 것이 아니라, 나라는 분별의식이 없는 상태일 뿐이다. 엄연히 나라는 물리적 실체는 지금, 여기에 존재하고 있다.

수행의 핵심이 무아이지만, 무아는 완전한 생명을 지향할 때 그 힘을 발휘한다. 진정한 무아는 편견과 아집이 사라진 체 대자연과 대동일체(大同一體)를 이룬 완전한 생명력을 회복한 상태를 말한다. 생기발랄한 상태이지만, 그 어느 것에도 구애받지 않는 내가 무아의 나다. 내가 없는 것이 아니라, 대자유(大自由)의 나를 이룬 것이다.

따라서 수행의 측면에서 보면, 무아가 진아(眞我)라는 역설이 성립될 수 있다.

무아를 바르게 체득하기 위해서는 무엇보다 현상이 윤회하는 이치를 바르게, 철저하게 체득할 필요가 있다. 생명은 영원한 윤회 속에 있고, 불성(佛性)은 윤회로부터 자유로울 뿐이다. 업력(業力)에 의해 어쩔 수 없는 윤회를 반복하는 것과 자유롭게 몸을 바꾸는 것은 천지 차이다. 불보살이 시공간을 초월해서 중생구제에 나서는 것도 생사윤회에 근거한다.

진정한 깨달음은 자유로운 윤회에 있다.

진리 차원에서 보면, 윤회는 없다. 하지만 윤회가 없다고 하면, 불교의 이치를 잘 모르는 사람들에게는 커다란 오해를 줄 수 있다. 윤회는 생명 현상으로서 엄연히 존재한다. 윤회를 알 수 있는 수많은 과학적, 실증적 사실이 존재한다.

우리가 불교 수행을 하는 목적은 윤회의 고통에서 벗어나서 자유로운 상태에 이르기 위한 것이다. 지나치게 본질을 추구하고 현실을 부정하는 수행자는 사회의 발전에 도움을 주기 어렵다. 오히려 현상에서 윤회의 속박으로부터 대자유를 지향하는 과정을 통해 엄청난 문명의 발전을 이룰 수 있다.

이 점에서, 나는 수행과학이 미래의 주요 학문이 될 것이라고 본다.

다만 일반적인 학문과 달리 수행과학은 일체의 경계를 넘어서 대자유를 지향한다는 점에서 차이가 있다. 수행과학은 몸의 경계, 마음의 경계, 그리고 삶의 경계를 넘어선 진리의 세상을 끝없이 탐구하는 데 목적이 있다.

몸과 마음과 삶이 새로운 시대의 변화에 맞게 새롭게 거듭나지 않으면, 인간 존재 자체가 무의미해질 수도 있다.

무엇보다 몸은 수행의 기초를 이룬다. 생리(生理)의 흐름이 균형을 잃으면, 마음과 삶도 균형을 이루기 힘들기 때문이다. 몸 건강의 핵심은 인체의 청정과 균형 유지다. 이를 위해 의학, 운동 역학, 식이요법 등에 수행의 원리와 방법이 융합될 수 있다.

몸은 마음과 하나로 연결되어 있으므로, 심신의 수행이 일상화될 때 인류문명은 고도로 발전할 수 있는 터전을 마련하게 된다. 수행과학을 통해 몸과 의식이 통합되고 더불어 삶이 조화를 이루는 길이 열리면, 인류의 삶은 다른 차원으로 진입하게 된다.

그러나 이 과정은 쉽지 않다. 그것은 사바세계가 양극단이 상대하며 존재하는 세계이기 때문이다. 묘하게도 삶의 양극적 모순이 문명을 견인해왔다. 인류문명의 발전은 끝없는 물질의 구속을 벗어나려는 노력으로 이루어졌다.

의식의 자유는 물질적 구속을 벗어나야 가능하다.

지금의 과학은 물질의 한계 영역이라고 하는 양자물리학에 이르고 있다. 물질의 한계점을 뚫기 위해서는 수행을 통해 의식을 해방해야 한다. 입자와 파동으로 이루어진 현상의 세계는 의식상승에 따라 그 모습이 달라질 수밖에 없다.

수행을 통해 완전한 순수의식에 도달할 때, 일체유심조(一切唯心造)의 실상을 누릴 수 있다.

석가모니는 우주를 욕계(欲界), 색계(色界), 그리고 무색계(無色界)로 구분했지만, 실상 우리가 사는 곳에 세 개의 세상이 동시에 존재하고 있다. 욕망에 사로잡혀 사는 사람은 욕계의 경계에 있게 된다. 자신을 옥죄는 욕망은 없으나, 물질의 경계를 벗어나지 못한 사람은 색계에 존재한다. 마지막으로 욕망과 물질에서 벗어났지만, 아직 미세한 심신(心神)의 영역에 머물러 있는 사람은 무색계에 있는 상태와 같다.

현상과 진리는 동전의 양면과 같다.

수행자는 중도(中道)의 방법으로 현상과 진리를 통섭할 때, 삶 속에서 진리를 체득할 수 있다. 현상과 진리를 연결하는 중도는 양면성을 띠고 있다. 현상의 중도와 진리의 중도는 다르지도 않고, 같지도 않다. 불일(不一)이자 불이(不二)의 역설적 상황을 이해할 때, 수행의 바른길에 들어설 수 있다.

특히 우리는 모든 것이 상대하는 물리의 세계에 살고 있으므로, 양극적 상황은 우리의 한계이자 진리로 안내하는 기준점이기도 하다.

표현의 다양성 속에서 진리라는 통일성의 유지가 신문명시대 종교의 흐름이다. 이러한 문명사적 변화에 적응하는 방향이 연기법을 따

르는 길이다. 그러므로 현상과 진리의 양면에서, 종교의 차이와 본
질을 이해하는 것이 바람직하다.

양면과 양극의 통섭이 신문명의 열쇠다.

06. 수행의 핵심, 삼십칠조도품(三十七助道品)

석가모니가 설파한 불법이 오랜 세월 동안 전승되는 과정에서, 불교의 수행체계는 다른 종교의 가르침과 영향을 서로 주고받았다. 하지만 불교는 다른 종교와는 다른 독특한 수행체계가 있다.

그 핵심은 사성제(四聖諦)와 삼십칠조도품(三十七助道法)이다.

삼십칠조도품은 완전한 깨달음을 돕는 37가지 수행의 방법과 과정으로, 사념처(四念處), 사정근(四正勤), 사신족(四神足), 오근(五根), 오력(五力), 칠각지(七覺支), 그리고 팔정도(八正道)를 말한다. 사실 삼십칠조도품 속에는 현대적으로 통섭할 수 있는 방법론이 함께 포함되어 있다. 삼십칠조도품의 수행체계를 구체적으로 성찰해보면, 그 이유를 알 수 있다.

앞에서 이미 설명한 사성제는 불교의 대의를 압축한 것이고, 37가지 조도품은 진리의 세계로 가는 방법론에 관한 것이다. 소승과 대승을 막론하고 이 수행체계를 기본으로 두고 있다. 불도를 닦는 견지(見地)가 바를 때, 진정한 수행이 가능하다. 현재 수많은 수행법이 있지만, 그 근원을 보면 삼십칠조도품에서 파생되었다. 따라서 조도품

전체의 유기적 관계를 이해하고, 체계적인 수행을 하는 것이 바람직하다.

먼저 사념처(四念處)를 보자. 사념처는 사념처관(四念處觀)의 준말로, 사념주(四念住)라고도 한다.

첫 번째는 신념처관(身念處觀)이다.

"육신이 청정하지 못하다는 사실을 관한다(觀身不淨)." 우리의 육신은 사대(四大), 즉 지수화풍(地水火風)의 요소가 결합하여 구성되었다. 문제는 그 결합이 완벽하지 않은 데 있다. 대자연에 비하면 인간의 몸은 너무 비좁아서, 네 가지 요소가 조화를 유지하는 데는 한계가 있다. 더구나 개인마다 몸의 업연이 달라서, 그 편차는 훨씬 크다. 몸의 불균형이 초래하는 부정(不淨)을 관함으로써, 역으로 몸의 청정을 회복한다.

두 번째는 수념처관(受念處觀)이다.

"우리가 느끼는 감각들이 고통을 이룬다는 사실을 관한다(觀受是苦)." 우리의 오감각은 쾌락을 좇기 마련이다. 감각이 요구하는 것이 실상이 아닌 고통의 원인임을 철저하게 파악하면, 감각에 이끌려 다니지 않을 수 있다.

세 번째는 심념처관(心念處觀)이다.

"마음은 끊임없는 변화의 흐름 속에서 생멸하고 있다는 사실을 관한다(觀心無常)." 특히 의식의 흐름은 폭류(瀑流)와 같아서, 그 흐름에 휘말리면 실상을 볼 수 없다. 마음의 허상을 확실히 체감하면, 심사의 동요를 막을 수 있다.

마지막으로 법념처관(法念處觀)이 있다.

"현상계의 모든 물질적 대상과 의식의 대상은 실체가 없다는 사실을 관한다(觀法無我)." 무아(無我)를 생활화하는 수행이다. 그러나 생동하는 일상을 떠나 공무(空無)에 머물러서는 중도실상의 공(空)을 체득할 수 없다.

사념처관은 단순히 명상으로 완성되지 않는다.

일상의 모든 상황 속에서 언행과 심사를 성찰하고 단속함으로써, 몸과 마음과 일체 현상을 안과 밖에서 제대로 관(觀)할 수 있다. 우리의 업연이 복잡미묘하게 얽혀있기 때문에, 일상의 인연을 청정하게 닦는 노력이 중요하다.

따라서 사정근(四正勤)이 필요하다.

첫째, '이미 생긴 악은 없애는(已生惡令滅)' 노력이 필요하다. 둘째, '아직 생기지 않은 악은 일어나지 않도록(未生惡令不生)' 주의를 기울여야 한다. 셋째, '아직 없는 선은 있도록(未生善令生)' 선업(善業)

을 구준히 쌓는다. 마지막으로 넷째, '이미 생긴 선을 늘리도록(已生善令增長)' 정진한다.

일상에서 사정근이 원만해지면, 사신족(四神足)이 생긴다.

사신족은 수행력을 향상하기 위해 수행의 의지를 높이는 네 가지 방법이자 과정이다. 첫 번째, 욕신족(欲神足)은 선정을 얻고자 간절히 바라는 마음으로, 의욕정(意欲定)이라고도 부른다. 일단 수행의 마음을 바르게 내면, 진리의 삶을 살고자 하는 의욕이 커진다.

두 번째, 근신족(勤神足)은 쉬지 않고 한결같이 나아가는 용맹정진의 과정이다. 세 번째, 심신족(心神足)은 마음을 바르게 유지하는 수행이다. 지금 현재에 마음을 두고 흐트러지지 않는 수행의 과정이므로, 염여의족(念如意足)이라고도 한다. 마지막 네 번째, 관신족(觀神足)은 고요한 마음으로 일체를 직관하는 수행단계다. 지혜의 마음을 갖춰가는 과정이므로, 혜여의족(慧如意足)이라고도 한다.

사신족(四神足)이 성숙하면, 오근(五根)이 갖추어진다.

첫째, 신근(信根)이 싹트면 진리에 대해 확신을 하게 되고, 다시는 미혹되지 않는다. 둘째, 믿음에 확신이 생기면, 정진근(精進根)이 뿌리를 내린다. 셋째, 정진근을 통해 마음을 바르게 두는 염근(念根)이 생긴다. 넷째, 마음이 중심을 잡으면 의식이 산란하지 않고, 선정의 뿌리가 되는 정근(定根)이 생긴다. 마지막 다섯째, 정근을 갖추면 지혜의 근간인 혜근(慧根)이 생긴다.

오근(五根)으로 수행의 기본 토대가 완성되면, 수행의 각종 장애를 극복하는 힘인 오력(五力)이 나온다.

첫째, 신근(信根)이 확고해지면, 어떤 미신에도 현혹되지 않는 신력(信力)을 갖춘다. 둘째, 정진근(精進根)이 자리 잡으면, 불굴의 의지로 수행을 이끌어나가는 정진력(精進力)이 발휘된다. 셋째, 염근(念根)이 중심을 잡고 흔들리지 않으면, 마음을 현재에 집중함으로써 다른 장애를 극복하는 염력(念力)이 생긴다.

넷째, 정근(定根)이 반석같이 튼튼해지면, 선정의 힘으로 온갖 삿된 장애를 이기는 정력(定力)이 나온다. 마지막 다섯째, 혜근(慧根)이 자라나면, 일체 번뇌를 끊을 수 있는 혜력(慧力)이 발휘된다. 오근과 오력은 상호 작용하며 상승한다.

칠각지(七覺支)는 마음의 산란을 조절하는 7가지 수행을 말한다.

첫째는 택법각지(擇法覺支)다. 바른 불법으로 진위를 분별하고 삿된 길로 빠지지 않는 수행을 말한다. 둘째는 정진각지(精進覺支)다. 용맹정진으로 진리의 길에서 후퇴하지 않는 수행이다. 셋째는 희각지(喜覺支)다. 바른 법에 머무는 기쁨을 관하는 수행이다. 넷째는 경안각지(輕安覺支)다. 수행의 단계가 상승하면, 심신이 가벼워져 상쾌해진다. 이 상태를 알아차리는 수행이다.

다섯째는 염각지(念覺支)다. 심신이 편안해지면 대상을 있는 그대로 바라볼 수 있는데, 이 상태를 관하는 수행이다. 여섯째는 정각지(定覺支)다. 선정에 들어 일체의 번뇌를 일으키지 않는 수행이다. 마지막 일곱 번째는 사각지(捨覺支)다. 온갖 집착에서 벗어나서 평정심을 유지하는 수행이다.

여기까지의 모든 수행법은 단계적이지만, 유기적으로 연결되어 통시성(通時性)을 지니고 있다.

삼십칠조도품은 팔정도(八正道)로 완결된다.

앞의 29조도품의 수행이 성숙해지면, 그 결과로 정견(正見), 정사(正思), 정어(正語), 정업(正業), 정명(正命), 정정진(正精進), 정념(正念), 그리고 정정(正定)에 이를 수 있다.

팔정도는 수행을 완성하는 단계이지만, 다른 관점에서 해석할 수도 있다. 소승과 대승의 견지에서 보면, 앞의 29조도품은 소승의 수행(修行)에 해당하고, 뒤의 팔정도는 대승의 보살도(菩薩道)로서 수도(修道)에 해당한다.

팔정도 속에 다른 모든 수행법이 수렴한다.

팔정도는 앞의 모든 수행법을 하나로 압축하는 역할을 한다. 따라서 팔정도에만 집중해도, 나머지 수행이 저절로 이루어지는 효과를 볼 수 있다. 이렇게 보면, 팔정도는 수행과 수도를 하나로 융합하는 수행 도법이기도 하다. 이를테면, 기본적인 정견을 갖추고 수행을 시작해서, 단계별로 차원을 높이면서 위 없는 완전한 정견을 갖춰나가는 일이다.

결국, 삼십칠조도품의 시작과 끝이 하나로 연결된다.

앞에서 밝혔듯이, 나는 팔정도가 AI 시대를 대비할 수 있는 가장 과학적인 수행법이라고 생각한다. 팔정도는 소승과 대승의 경계가 사라지는 융합문명의 시대에 가장 적합한 통섭적인 수행법이다. 또한, 팔정도는 첨단과학의 성과를 적용해서 인간의 의식을 상승하고, 깨달음의 수준을 체계적으로 높이기에 적당하다.

이 책에서는 생활수행의 차원에서 팔정도를 얘기하고 있다.

먼저 정견(正見)은 사성제의 의미를 분명히 이해하고, 삼십칠조도품의 수행체계에 관한 바른 식견을 갖추는 일이다. 이를 통해 중도의 수행 이치를 알게 된다. 정사(正思)는 불법의 이치에 맞게 생각하는 일이다. 정어(正語)는 구업(口業)을 청정히 하는 일이다. 정업(正業)은 일체의 삿된 행동을 삼가고 청정한 신업(身業)에 머무는 일이다. 정명(正命)은 신구의(身口意) 삼업(三業)이 청정한 상태에서 생계를 유지하는 일이다.

정업까지는 일상에서 악업(惡業)을 멀리하고 선업(善業)을 쌓는 생활수행이 중요하다. 여기에는 사념처에서 칠각지에 이르는 수행법이 모두 동원된다.

정정진(正精進)은 앞의 다섯 가지 바른 수행을 중단 없이 지속하는 일이다. 집중수행 단계를 거쳐야, 수행의 수준은 더욱 높은 단계로 상승할 수 있다. 수행의 능력은 직선적으로 상승하지 않는다. 지루한 과정을 반복한 후에 수행의 인연이 성숙해야만, 더욱 높은 단계로 올라가는 법이다. 따라서 인내심이 무엇보다 중요하다.

정념(正念)은 일체의 삿된 마음이 일지 않는 상태에 머무는 일이다. 이 점에서, 흐트러짐이 없는 마음으로 현재의 삶을 사는 것이 최고의 수행법이다. 정정(正定)은 선정의 상태에서 일체 현상과 함께하며, 걸림 없이 사는 삶을 의미한다.

단계적으로 상호작용하며 순환 상승하는 팔정도의 수행을 통해 도달하는 궁극의 경지는 연기성공(緣起性空)과 중도실상(中道實相)의 증득(證得)이다. 일체 모든 것은 연기하고 있지만, 그 성품은 공(空)하다. 이 진리를 증득하면, 역으로 공에서 중도실상을 끌어낼 수 있다.

팔정도 수행은 정견에서 시작돼서 정견으로 끝난다.

수행의 시작은 정견의 기초를 다지는 단계이고, 수행의 끝은 정견의 완성이다. 정견이 온전히 정립되면, 팔정도는 일상에서 자연발생적으로 우러나온다. 정견이 갖춰지는 과정에서 소위 견성(見性)이라고 하는 일대 전환이 일어난다. 견성의 상태에서 팔정도를 완성하는 차례가 견도(見道), 수도(修道), 증도(證道)라고 할 수 있다.

돈오돈수(頓悟頓修)는 수도 이후의 증도 과정에서 일어난다. 수행과정에 관해 여러 가지 논란이 있는데, 중요한 것은 지금 자신이 어떤 상태에 있느냐다. 말로만 하는 수행은 물질적 차원을 중심으로 한 이론적이고 관념적인 수행일 뿐이다.

수행은 생명의 실상에서 한 치도 벗어나지 않는다. 완전한 지혜를 얻고자 하는 마음과 더불어 일체중생을 구제하겠다는 자비심을 내는 초발심이 바로 등정각을 이루는 이치가 여기에 있다. 요즘 불교 수행은 의외로 근본 수행체계에서 크게 벗어난 경우가 적지 않다.

지나치게 수행의 효율을 추구한 결과이지만, 이러한 태도는 오히려 비효율과 사이비 수행자를 양산한다. 중요한 것은 사성제의 기본 정신을 유지하고, 수행의 기본 체계 안에서 인연에 맞게 수행하는 일이다. 무엇보다 바른 뜻이 진리의 세계로 들어가는 관문이다.

07. 지관(止觀)의 원리와 방법

수행은 고요한 마음으로 세상을 바로 보고, 삶의 지혜를 얻기 위한 종합적인 활동이다.

특히 불교 수행은 존재의 근원을 궁극으로 참구하고, 위 없이 평등한 반야의 지혜를 얻어 대자유를 증득하는 최고의 수행법이다. 그러나 이런 수행법을 석가모니가 전했는데도 불구하고, 그와 유사한 경지에 도달한 사람은 드물다.

그 이유가 무엇일까?

피상적인 원인은 우리의 몸과 마음 그리고 삶이 한시도 고요하지 않기 때문이다. 근원적으로 보면, 청정하지 못한 인연들이 수억 겁에 걸쳐 나의 잠재의식 속에 저장되어 있어서, 그 업연의 발현에서 벗어나기가 불가능에 가깝기 때문이다.

앞에서 석가모니의 핵심 수행법에 관해 얘기했듯이, 삼십칠조도품(三十七助道品)은 수행의 근본 바탕을 이룬다. 조도품을 닦는 기본 원리는 지관(止觀)이다. 사실 지관의 원리와 방법은 불교 수행에 국한되지 않는다.

지관은 모든 종교 수행의 기본 원리이자 방법이다.

도교와 유교의 수행법을 예로 들면 이해할 수 있다. 도교를 창시한 노자는 고요함을 생명의 근본으로 보고, 고요함으로 돌아가야 생명이 회복된다고 했다. 고요함에 이르는 방법이 바로 멈춤, 즉 지(止)다. 고요한 상태에 이르렀을 때, 세상을 밝게 관찰할 수 있는 원초적 생명력이 나온다. 노자는 멈춤의 지혜를 역경(易經)에서 배울 수 있었다.

음양의 조화 속에 생명력의 순환이 이루어진다. 그 순환 속에 정(靜)과 동(動)의 멈춤과 활동이 있다.

노자처럼 역(易)의 이치에서 도를 깨우친 공자는 주로 삶의 수행을 말했지만, 그의 내밀한 수행법은 증자에게 전해졌다. 공자의 법통을 이은 증자는 《대학》에서 지(知), 지(止), 정(定), 정(靜), 안(安), 려(慮), 그리고 득(得)이라는 7단계 과정을 통해 도를 체득할 수 있다고 했다. 여기에는 지관의 수행법이 내포되어 있다.

불안한 심신을 안정시키기 위해서는 '멈춤(止)'을 통해 정(定)에 들어가야 하는데, 선정(禪定)의 정은 바로 대학에서 빌린 용어다. '편안함(安)'을 이룬 후에 바르게 '생각(慮)'할 수 있다는 대목에 관(觀)의 이치가 내포되어 있다.

다만 불교에서 생각이란 표현을 쓰지 않은 것은 궁극의 진리를 얻기 위해서는 일체의 언어적 사고를 떠나야 하기 때문이다.

《반야심경》에서 관세음보살이 오온(五蘊)이 공(空)함을 '비추어 봄(照見)'으로써 일체의 고통에서 벗어난다고 했는데, 바로 조견(照見) 속에 '려(慮)와 관(觀)'이 함께 작용하고 있음을 알 수 있다. 왜냐하면, 바른 법으로 사유해야만, 바르게 볼 수 있기 때문이다.

다만 깨달음에는 정도의 차이가 있는데, 공자는 현실적인 차원의 깨침을 말씀했다. 현실을 거치지 않고는 진리의 세계로 갈 수 없다는 점에서, 유교의 도학을 무시할 수 없다. 유불도가 모두 중도로 수렴하는 점에서, 좋은 점은 가져다 활용하는 것이 바람직하다.

자 이제부터는 지관의 구체적인 방법을 알아보자.

우선 지관의 사전 작업으로, 《대학》에서 말한 7단계 수행과정의 첫 번째 지(知)가 필요하다. 우리는 뭔가를 지각해야 행동할 수 있다. 마찬가지로 안이비설신의(眼耳鼻舌身義) 육근이 색성향미촉법((色聲香味觸法) 육경을 만나 이루어지는 의식작용을 바르게 할 때, 수행을 본격적으로 시작할 수 있다.

의식구조에 관한 심도 있는 얘기는 다음 기회에 하고, 여기서는 우선 '알아차림(知)'의 의미를 설명하겠다.

쉽게 얘기하면, 지(知)는 정신을 차리고 현재를 인식하는 일이다. 사실 안타깝지만, 무의식적으로 또는 의식을 쓸데없는 곳에 둔 채로 시류에 휩쓸려 살다가 죽는 사람이 대부분이다. 그 이유는 어디에 있을까?

석가모니는 안수정등(岸樹井藤)의 우화로 그 이유를 말씀했다.

인간이 무명의 고통 속에 빠지게 되는 대표적인 다섯 가지 욕망은 재물욕, 성욕, 식욕, 명예욕, 그리고 수면욕이다. 우리는 그것이 허망하다는 사실을 인식하지 못하고, 언제 죽을지도 모르는 위급한 상태에서도 욕망의 줄을 놓지 못하고 있다.

따라서 풍전등화 같은 인생의 위험에서 벗어나는 첫 번째 수행은 그 위험의 실상을 매 순간 지각하는 일이다. 그 시작은 행주좌와(行住坐臥)의 어느 경우든 일체 행위의 알아차림이다. 보통 사띠(sati)라고 하는 수행법이 바로 알아차림의 수행이다.

그러나 자신의 업식(業識)이 청정하지 않기 때문에, 있는 그대로의 알아차림은 쉽지 않다. 따라서 뭔가 의식을 멈출 수 있는 특별한 대상을 두고 집중능력을 배양하는 과정이 필요하다.

이때 주로 하는 수행법들인 염불선(念佛禪)의 염불, 간화선(看話禪)의 화두, 염식법(念息法)의 호흡, 관음법(觀音法)의 소리, 밀교(密敎)의 주문 암송 등이 모두 마음집중의 대상이 될 수 있다. 또는 관심법(觀心法)에서 마음이나, 지관법(止觀法)에서 지(止)의 방식 자체를 집중대상으로 삼을 수도 있다.

어떤 대상을 마음집중의 방편으로 삼을지는 각자의 수행 인연이자 업연에 달려있다.

한편 위에 열거한 수행방법들은 각기 좋은 장점에도 불구하고, 현실에 안 맞는 경우가 적지 않다. 예를 들어, 화두 수행은 일상의 생계활동을 하는 수행자에게는 장애가 될 수 있다. 출가수행자는 속세의 문제를 놔두고 온종일 하나의 화두에 집중할 수 있지만, 일반 재가자는 여건상 힘들다. 물론 전문 수행자나 은퇴자는 가능하다.

그리고 무엇보다 화두는 수행자의 근기나 업연에 맞게 지도사가 선정해줘야 한다. 만약 화두의 선택이 수행자에게 맞지 않으면, 오히려 부작용을 일으킬 수 있다. 불행히도 현실에서 업관(業觀)을 체득한 선지식을 만나기 어렵다. 지극한 복덕을 갖춘 자만이 누릴 수 있는 행운이다.

호흡 수행의 장애는 환경오염이다. 특히 도시에서 사는 사람들은 호흡 수련을 할 만한 공간을 찾기 힘들다. 지방도 도시 지역은 예외가 아니다. 따라서 심호흡을 통해 보조적으로 심신을 조율하는 정도가 적당하다.

한편 호흡은 기(氣)의 운행과 직결되는데, 인위적으로 기를 돌리면 위험하다.

기의 흐름은 천지의 운행에 비유할 수 있다. 때가 되면 천지의 기운이 바뀌면서 돌듯이, 심신의 상태가 적절한 단계에 이르면 그에 따라 몸의 기가 새로운 차원으로 변화하면서 운행한다. 인위적인 기의 운행은 위험하다. 무엇보다 기의 수행은 결국 공(空)한 이치를 벗어날 수 없다.

한편 소리 수행과 주문 암송은 좋은 수행 방편이지만, 심력(心力)이 약한 사람은 환청이나 환시에 끌려다닐 수 있다. 요즘의 세태가 신비스러운 현상을 추구하면서, 특히 주문 수행이 늘고 있다. 하지만 신통에 의지하는 마음이 큰 사람에게는 이런 종류의 수행을 권하고 싶지 않다. 공자가 괴력난신(怪力亂神)에 대해서 말씀을 꺼린 것도 이러한 이치가 있기 때문이다.

수행은 지극히 상식적인 일이다.

사소한 작은 생명 활동이 모여 천지의 변화를 이끌 듯이, 수행도 마찬가지다. 오온을 정화하는 단계마다 신비한 현상들이 일어나는데, 결국에는 전도몽상의 결과임을 석가모니는 《능엄경》에서 특별히 강조했다.

관심법(觀心法)과 지관법(止觀法)은 지관의 원리를 이용해 마음을 관(觀)하는 수행법이다. 이것은 마음의 인식 작용인 '지(知)'를 그대로 집중대상으로 삼고, 집중하는 마음 상태를 유지하면서 마음을 관찰하는 방법이다. 관심(觀心)이란 자신의 심리상태, 즉 생리(生理)와 심리(心理)의 흐름을 살펴봄으로써, 심신이 조화에 이르는 과정을 보는 일이다. 그러나 이 방법은 생각이 많고 복잡한 사람에게는 맞지 않고, 혼침을 불러오기 쉽다.

근본적인 방책은 위에 열거한 수행법 중에서 그때그때 상황의 변화에 맞게 적절한 방편을 스스로 선택할 수 있는 눈을 기르는 일이다.

그런 능력이 아직 부족한 사람에게는 염불을 권하고 싶다. 업연이 특히 복잡한 현대인에게는 염불이 가장 적당하다. 앞서 〈작복불사(作福佛事)〉에서 이미 권한 염불은 여러 가지 측면에서 효과가 높다. 염불 수행 속에는 일체의 수행법이 융합되어 있다.

불보살을 염(念)하는 과정에서, 불보살이 이룬 수행 성취가 자신을 점검하는 화두가 되고, 소리를 내면서 자연이 호흡이 깊어지고 동시에 소리 수행이 병행되며, 소리를 내지 않더라도 마음속으로 염불하는 마음을 들여다보면서 관심과 지관 자체의 수행을 동시에 할 수 있다.

무엇보다 염불은 불보살이 세운 중생구제의 대원력과 상응하면 가피(加被)를 받을 수 있다.

나는 염불 수행과 인연이 많다. 내가 본격적으로 수행연구를 할 수 있도록 도움을 주신 대상그룹의 임창욱 회장님은 청화스님의 속가 제자였다. 청화스님은 평생 염불 수행으로 높은 경지에 오르신 분이었다. 임 회장님과의 인연으로 나도 100일 동안 염불한 적이 있다.

마지막 회향 차원에서 나는 설악산 봉정암에 올라가서 염불했었다. 묘하게도 그날 꿈에, 정토삼부경(淨土三部經)에서 설한 내용처럼 아미타부처님 일행이 나를 맞으려 다가오는 모습을 잠시나마 보았다. 더불어 꿈속에서 어떤 노스님이 내게 무슨 말씀을 했다. 그때는 뭔가 울림이 있는 내용이었는데, 기억이 잘 나지 않는다.

하여튼 내가 지금까지 수행 공부의 인연을 이어가는 것은 염불 공덕이 아닌가 싶다. 이러한 이유로, 나는 지금도 염불을 놓지 않고 있고, 기도의 효험을 부인하지 않는다. 다만 지나치게 기도에만 의지하는 것을 경계할 뿐이다.

어떤 수행법을 하든지 간에, 선정을 이루는 데는 기본적으로 지관의 원리와 방법을 통해서 가능하다.

지(止)는 집중으로 사마타, 관(觀)은 비추어보는 일로 비바사나 또는 위빠사나라 부른다. 또한 지(止)가 강해질수록 선정이 굳건해지고, 관(觀)이 깊어질수록 지혜의 밭이 비옥하게 된다. 따라서 지관을 닦는 것을 정혜쌍수(定慧雙修)라고 부른다. 간단히 정리하자면, 지관이란 정신을 집중하여 산란하지 않게 하고 그 마음을 관(觀)하는 것으로, 수정(修定)의 기본 원리다.

더욱 정확히, 지관을 통한 깨달음과 그 구현의 전체 과정을 정리해
보자.

우리의 분별심인 '지(知)'를 방편으로 삼아 자신에게 맞는 집중대상
에 마음을 집중한다. 이 상태를 흔들림 없이 지켜나가 일념(一念)이
만념(萬念)이 되는 상태에 이르면, 선정에 들어가게 된다. 여기서 분
별의 지(知)마저 공(空)으로 만듦으로써 무념처(無念處)로 들어가
게 된다.

진리를 향해 더 나아가서 모든 공(空)을 떨쳐버리면, 형용 불가한 본
심(本心)이 스스로 드러난다. 여기서 멈추지 않고 되찾은 본성에 구
체적인 생명을 부여하고 기르는 보림(保任) 과정을 거쳐 공(空)에서
다시 연기의 지혜를 증득하면, 진공(眞空)에서 묘유(妙有)를 끌어낼
수 있다.

그러나 특별히 조심해야 할 일이 있다. 아무 의식이 없는 무기(無記)
에 빠진 상태를 삼매로 생각하거나, 혹은 신비주의적 경향에 빠져
마음집중을 신통을 얻는 수단으로 여기면, 깨달음과는 거리가 크게
멀어진다.

지금 세상이 어지러운 이유는 이러한 풍조와 관련이 깊다.

이러한 현상은 모두 마경(魔境)이므로, "마땅히 머문 바 없이 마음
을 내야 한다."라는 석가모니의 말씀을 항상 새기자. 마경에서 벗어

나는 가장 좋은 방법은 일체중생을 구제하는 바른 뜻을 내고 보살행을 하는 것이다.

08. 마음집중의 도리

본격적인 수행에 들어가서 마음을 닦자면, 경율론 삼장에서 말하는 '마음(心)'에 관한 바른 견해가 필요하다.

불교 수행이 어려운 요소 중의 하나가 마음에 대한 오해다. 중생의 마음은 대상에 집착하는 마음, 즉 반연심(攀緣心)으로서 무명(無明)이다. 반면 마음의 본체는 보리 열반의 청정한 본심으로서 밝은 광명(光明)이다. 중생의 혼탁한 무명심(無明心)과 부처님의 청정한 광명심(光明心)은 전혀 다른 차원이다.

하지만 한문 경율론에는 반연심도 마음(心)으로, 생명 본래의 마음도 마음(心)으로 표현되어 있다. 오랜 시간이 흐르면서 마음에 관한 오해가 더욱 증폭되었다. 육조 혜능 이후, 특히 대혜고선사의 간화선이 등장한 이후에 정견(正見)은 많이 혼탁해졌다.

선종에서는 "마음이 곧 부처다(心即是佛)."라고 하여, 마음을 바로 관하면 성불에 이른다고 말한다.

하지만 수행의 결과로써 얻는 본래면목이 지나치게 강조된 결과, 그 반작용으로 수행과정에서 매우 중요한 수증(修證)과 행원(行願)은 상당히 경시되었다. 심지어 분별심 그대로 부처님의 마음이라고 해석하고, 함부로 경거망동하는 사례도 많이 일어났다.

조사와 대선사의 원래 의도는 본성에 이르는 직접적인 방편으로써 마음을 강조하는 데 있었다. 그러나 사견(邪見)에 빠진 후학들은 본래의 마음과 현상의 마음을 혼동하고, 도리에 벗어난 행위를 일삼았다. 부처님의 성취를 자신들의 경지로 전도몽상한 결과다.

《화엄경》에 "법계의 본성을 본다면 일체가 마음이 만든 것이다(應觀法界性, 一切唯心造)."라는 불교의 기본 정률(定律)이 나온다.

물론 여기서 마음은 주관과 객관을 모두 아우르고 일체에서 걸림이 없는 상태인 본심이다. 석가모니의 말씀에 따르면, 우리는 색수상행식(色受想行識)인 오온을 단계별로 점차 청정하게 변화시켜 생로병사의 환상을 없앨 수 있을 뿐만 아니라, 본심을 찾음으로써 이 몸 이대로 열반의 삶을 살 수 있다.

그러나 분별 망상을 그대로 유지하고는 본심을 회복할 수 없다.

다행히 대자대비하신 석가모니와 선지식들은 본심에 이르는 여러 방편을 드러내 보여주었다. 석가모니의 팔만사천법문과 선지식의 법문이 모두 방편의 법문이다. 묘한 것은 분별심을 활용한 방편들을 통해 본심을 회복한다는 점이다. 분별심이 본심과 연결되는 방편이 되어, 우리를 고해의 바다에서 열반으로 인도하는 지혜의 배가 된다.

수행의 핵심은 현상에 집중해서 그 본질을 파악하는 데 있다.

현상 속에 본질에 이르는 수행의 도리가 숨어 있다. 그것은 매개 의식을 통해 현상의 마음 흐름을 집중적으로 관찰하여 본심에 이르는 이치다. 물론 매개 의식은 육식(六識)에 속한다. 만약 이것을 마음의 본질로 이해한다면, 그것은 큰 착각이다.

현상에 집중하는 의식은 《반야심경》에서 관자재보살이 오온(五蘊)이 공(空)함을 '비추어 보는' 작용인 '조견(照見)'을 이루기 위한 전(前) 단계 의식작용이다. 관자재보살의 관(觀)은 모든 의식의 경계에서 자유로운 직관이지만, 육식 경계의 알아차림에서도 '비추어 보는' 의식작용은 필요하다.

마음 수행의 첫 단계는 관찰하는 의식을 느끼는 일이다.

감정과 사고가 복잡하게 얽혀있는 사람은 처음에는 이 의식을 느끼기 힘들다. 그러나 관찰력이 세밀하고 깊어지면, 생각이 이어지는 매듭의 시작과 끝을 느낄 수 있다. 조견의 의식방식을 통해 몸과 마음 그리고 삶을 비추어 보는 일은 마음 수행의 기본 원리다.

비추어 보는 마음을 느꼈다면, 이제 마음을 집중할 수 있는 대상을 선정한다. 집중대상은 의도적으로 만든 매개 의식으로써 대상이다. 이를테면, 염불, 화두, 호흡, 소리, 만트라(주문) 등이다. 혹은 마음의 흐름 자체를 집중대상으로 삼을 수 있다.

육식의 의식이 집중대상에 집중해서 비추어 보면서 일념(一念)으로 들어가, 몸과 마음과 삶이 천지인 삼재와 합일되는 과정이 수행이다. 지금 여기에서 일체중생과의 화합은 무아(無我)의 상태로 몰입한 결과다.

하지만 의식집중에 방해되는 요소는 너무도 많다.

의식집중에 들어가면, 처음에는 마음이 고요해지는 듯하다. 하지만 곧바로 불청객이 찾아온다. 제일 먼저 오는 손님이 바로 망념(妄念)이다. 망념(妄念)은 의식을 혼탁하게 하는 가장 흔하고 강력한 적이다. 적을 제대로 알아야 적을 제대로 상대할 수 있는 점에서, 망념을 분명히 파악하는 것은 매우 중요하다.

망념은 헛된 생각이다.

이 망상은 본래 외부의 인연에서 비롯된 것이다. 그래서 "망상 속에서 인연의 성이 세워진다(於妄想中, 立因緣性)."라고 했다. 유식에서는 망상의 인연법을 '의타기성(依他起性)'이라고 한다. 망상이 외계(外界)의 인연에서 생겨나기 때문이다.

여기서 중요한 점은 우리 자신도 외계라는 사실이다.

육식(六識)의 관점에서 보면 전오식(前五識), 즉 안식(眼識), 이식(耳識), 비식(鼻識), 설식(舌識), 그리고 신식(身識)이 바로 바깥 경계다. 말하자면, 망념이란 외계인 전오식의 변화로부터 야기된 의식의 반응이다. 좀 더 엄밀히 말하면, 사대(四大)와 분별의식 자체가 외계다. 따라서 마음(생각)이란 곧 오음(五陰)이고, 확장하면 팔식(八識)이 된다.

망념을 제거하는 일 자체가 중요한 수행이다. 하지만 망념은 아무리 쫓으려 해도 쫓을 수 없다. 쫓으려 하면 오히려 더 큰 망상이 찾아온다. 마치 물속의 티끌을 제거하려고 휘저으면, 물이 더 혼탁해지는 것과 같다.

《원각경》은 망념에 대한 대처법을 알려준다.

"어느 때든 망념을 일으키지 말며, 망상이 일어나도 없애려 하지 말며, 망상의 경계에 머물러도 뚜렷이 알려고 하지 말며, 뚜렷이 알지 못하는 상태에서 진실을 판단하려 하지 말라(居一切時, 不起妄念, 於諸妄心, 亦不息滅, 住妄想境, 不可了知, 於無了知, 不辨眞實)."

가장 범하기 쉬운 착오는 망상의 경계를 만나면 그것을 알려고 하는 것인데, 뚜렷이 아는 것 역시 망상이다. 일체의 망념은 모두 환상이다.

여기서 중요한 점이 있는데, "환상임을 알면 떠나야 하며, 임시방편적 방법을 쓰지 마라(知幻即離, 不作方便)."는 가르침이다. 망념이 환상임을 알면 환상은 곧 사라져 버리므로, 다른 방법을 쓸 필요가 없다.

만약 인위적으로 다른 방법을 사용한다면 그것은 망상에 또 다른 망상을 추가하는 꼴이 된다. 위에서 망상을 손님에 비유했는데, 이 말속에 비결이 있다. 객진번뇌(客塵煩惱)인 망상을 손님을 대하듯 하면 된다. 망상에 끌려다니지 않게 신중하게 마음 챙김을 하면서 그것을 그대로 놔두면, 잡념은 점차 잦아든다.

마음집중이 어려운 원인은 몸에도 있다. 초보자는 망상과 더불어 곧바로 찾아오는 불청객이 바로 몸의 이러저러한 반응이나 고통이다. 몸속의 여러 가지 변화나 고통을 느끼고 집착하는 신견(身見) 때문에, 마음집중이 어렵다.

예를 들어, 다리를 틀고 앉아 정좌 수행에 들어갈 때, 처음에는 몸이 편안해지는 듯하다. 하지만 얼마 지나지 않아, 다리가 저리기 시작한다. 한의학적으로 설명하면, 이것은 엉덩이에서 다리까지 기(氣)가 잘 통하지 않기 때문이다.

이럴 때는 무리하게 가부좌나 반가부좌를 하지 말고, 양반다리를 해도 좋다. 그것도 힘들면, 의자에 앉거나 똑바로 서서 마음집중을 해도 무방하다. 다만 일체 행위에서 바른 자세는 신견을 없애는 토대가 된다.

물론 염식(念息)을 통해 몸의 기운을 조절할 수 있지만, 호흡법은 별도의 전문적인 의학지식과 더불어 눈 밝은 지도자의 지도가 필요하다. 이 부분은 나중에 기회가 되면 설명하겠다. 중요한 것은 마음집중의 목적이고, 그 과정의 수행법은 수단에 불과하다.

마음 수행에 장애가 되는 또 다른 원인 중에서 음욕(淫慾)과 음식이 있다.

음욕이 일어나면 화기(火氣)와 수기(水氣)가 발동해서 정기(精氣)를 흩어지게 한다. 그 결과, 심신의 조화가 파괴된다. 더불어 음식은 기(氣) 순환에 절대적인 작용을 미친다. 과식을 금하고, 자신의 체질에 맞게 영양의 균형을 유지하는 것이 바람직하다.

집중수행의 시기에는 가능한 채식하는 것이 좋다.

채식은 위(胃)의 활동과 기(氣)의 순환을 원활하게 한다. 석가모니가 당시 수행자들에게 오후 불식(不食)과 더불어 철저한 금욕 생활인 두타행(頭陀行)을 강조한 것은 심신을 청정하게 함으로써 바른 선정에 들어가게 하기 위함이었다. 다만 금욕적 두타행 자체는 진리에 이르는 일시적 수단일 뿐, 수행의 영원한 목적은 아니다.

위(胃)는 사대(四大) 중 토(土)에 해당하며, 몸의 근간이 된다.

위를 깨끗이 하는 방법의 하나로 일주일에 한 번씩 금식하면서 물만 마시는 것도 좋다. 평소에는 소식하되 영양분은 충분히 섭취한다. 인체의 균형작용을 무시한 섭생은 심신의 조화를 해친다. 수행과정 중에서 음식 조절은 생리(生理)와 심리(心理)를 조화시키는 데 매우 중요하다.

선정을 얻을 수 없는 가장 큰 요인은 도리에 맞지 않는 삶에 있다.

평소 신구의(身口意) 삼업(三業)이 선정과 직결된다. 이것은 소승의 측면에선 계(戒), 대승의 측면에선 행원(行願)과 관련이 있다. 살생(殺生), 투도(偸盜), 사음(邪淫)의 몸으로 짓는 죄, 망어(妄語), 기어(綺語), 양설(兩舌), 악구(惡口)의 입으로 짓는 죄, 그리고 탐애(貪愛), 진에(瞋恚), 치암(痴暗)의 생각으로 짓는 죄 등 십악(十惡)을 다스리지 않고는 선정에 들어갈 수 없다.

계(戒)를 좀 더 승화시키면, 일상의 선행과 자비행으로 연결된다.

자비의 마음으로 선행을 실천하면, 마음이 순화되어 선정을 얻기가 쉽다. 예를 들어, 머무르는 바 없는 보시를 하면 마음이 편해지고 맑아지는 걸 느낄 수 있다. 반대로 악행을 하면 마음이 무겁다. 심리와 생리가 연결되어 있기 때문이다.

보다 근원적으로 보면, 업인(業因)의 종자는 수행과 관계가 깊다.

불도를 닦기 위해서는 지혜와 복덕이 필요하다. 수행의 자량(資糧)이 없으면, 수행의 집중력을 얻기 힘들다. 인연 공덕이 부족하면, 생각지도 않은 일들이 발생하여 수행을 방해한다. 이런 경우에는 일상에서 좋은 업을 많이 짓고 공덕을 쌓는 수밖에 없다.

지혜와 복덕을 키우는 씨앗이 되는 선행은 선정과 깊은 관련이 있다. 같은 차원에서, 일상의 마음집중은 원만하고 걸림 없이 인연을 상대하는 힘을 제공한다.

09. 과학의 한계를 넘는 불교 수행법

불교와 과학의 공통점은 인과(因果)의 법칙을 다루는 데 있다.

그러나 차이는 무의식 세계에 비견되는 우주만큼이나 크다. 과학이 현상세계의 원인과 결과를 탐구한다면, 불교의 인연법은 삼세인과 (三世因果)를 모두 관통한다. 불교는 현상을 있게 한 업(業)의 총상 (總相)을 직관하고, 업의 굴레에서 벗어나서 본래면목을 회복하는 법을 제시하고 있다.

심층의 측면에서, 과학의 인과법칙과 불교의 인연법은 다르다.

현상의 문제는 그것을 아무리 밝혀도 일시적 해결에 불과하다. 예를 들어, 물리학에서 물질을 아무리 분해해도 본질을 얻을 수 없고, 심리학에서 마음을 아무리 정밀하게 분석해도 본심(本心)에 이를 수 없다.

양자물리학과 같은 첨단과학의 이론이 불교의 이해에 도움을 주지만, 과학기술로는 완전한 깨달음에 이를 수 없다. 물론 AI를 활용해서 정신물리학, 생명과학, 나노과학 등이 극도로 발전할 수 있다. 더불어 심리학과 물리학이 융합되면, 새로운 차원의 심신의학과 영성 과학이 출현할 수도 있다.

그러나 우리가 사는 욕계에서는 물질과 욕망이 물리와 심리를 지배하기 때문에, 인간의 관념적 의식은 물리적 경계 안에서 맴돌 수밖에 없다. 이 세상은 음양(陰陽), 강유(剛柔), 한서(寒暑), 작용과 반작용, 선악, 애증 등 물질과 감정의 양극적 요소의 연합작용으로 끊임없는 변화 속에 있다. 쉼 없는 변화는 인간을 고통스럽게 한다.

사바세계는 끊임없는 고통으로 정신을 깨우고 깨달음에 이르게 하는 데 그 의의가 있다.

이 세상의 양극적인 구조와 작용 때문에, 욕망에 사로잡힌 사람들은 무명(無明)의 업식(業識)에서 벗어날 수 없다. 다만 욕망의 불길이 사그라진 정도에 따라 깨달음의 정도가 다르게 나타난다. 물리적 차원의 낮은 깨달음에 관한 표현은 가능하다. 물리학에서 모든 법칙을 수식의 기호로 표현할 수 있는 것과 같다.

그러나 위 없는 깨달음인 무상정등정각(無上正等正覺)은 표현할 수 없는 진리 그 자체다. 비록 과학이 깨달음에 이르는 데 한계를 지니고 있더라도, 물리의 세계에 사는 우리는 과학의 도움을 받는 것이 현명하다.

석가모니는 인간이 특별한 실체가 있는 것이 아니라, 색수상행식(色

受想行識) 오음(五陰)의 일시적 결합이라고 말씀했다. 다섯 단계의 업식을 모두 청정식(淸淨識)으로 전화한 이후에, 위 없는 깨달음의 지혜를 증득할 준비를 마치게 된다.

오음 전화의 자세한 내용은 《융합창의력과 인간교육》을 참고하고, 여기서는 핵심만 다루겠다. 고정된 실체가 없다는 점에서, 무아(無我)가 실존상황이면서 동시에 수행의 방법이기도 하다. 가아(假我)인 업식을 비우고 또 비우면, 마침내 진여의 본심이 드러난다.

오음 중에서 특히 색수(色受)는 욕망의 지배력이 크다.

《능엄경》에서, 석가모니는 "생은 식으로 인해 생겨나고, 멸은 색을 따라 사라진다(生因識有, 滅從色除)."라고 말씀했다. 십이연기(十二緣起)와 오음의 전개 과정을 아는 것이 수행의 핵심이다. 무명(無明), 행(行), 식(識), 명색(名色), 육입(六入), 촉(觸), 수(受), 애(愛), 취(取), 유(有), 생(生), 그리고 노사(老死)의 열두 인연이 서로 다른 인연화합으로 개별적인 오음이 형성된다.

오음의 기초를 이루는 색수(色受)는 육입(六入)부터 노사(老死) 단계에 이르기까지 육신과 심리상태에 가장 원초적인 영향을 미친다. 오음의 상(想)은 생각의 연상작용으로, 십이연기의 명색(名色)과 대응한다고 볼 수 있다. 오음의 행(行)은 생명의 근원 동력으로, 십이연기의 행(行)과 식(識)이 하나로 결합된 상태다. 그리고 오음의 식(識)은 의식의 본바탕으로, 십이연기의 무명과 대응한다.

물론 십이연기와 오음과의 대응 관계를 수학적으로 논리적으로 분명하게 구분할 수는 없다.

수행의 과정과 단계에서 일어나는 모든 현상을 구체적으로 나눌 수 없으므로, 관념과 표현으로 이론을 정밀하게 세우는 사람은 깨달음에 이르기 힘들다. 세지변총(世智辯聰)이 팔난처(八難處)에 속하는 이유는 여기에 있다. 삶이 모순 속에 있듯이, 수행도 모순 속에 있다. 모순 속에서 역설적으로 변화하는 이치를 깨달을 때, 수행에 성공할 수 있다.

수행은 논리의 문제가 아니라, 역설적인 지혜의 문제다.

세상의 학문은 지식을 계속 쌓아가는 것이라면, 진리의 수행은 계속 비워가는 작업이다. 물론 수행 중에 쌓고 비우는 과정을 반복한다. 무명의 때를 모두 씻어내면, 진리는 스스로 드러난다. 진리를 찾으려 하면 할수록, 찾고자 하는 생각 때문에, 진리의 눈을 가린다. 그러나 진리에 대한 갈망이 없다면, 진리를 추구할 수도 없다. 이 모순을 해결하는 것이 수행의 요점이기도 하다.

다시 오음으로 돌아와서, 색수상행식을 단계별로 전화하는 방법을 알아보자. 문자에 한계가 있지만, 문자의 도움을 받을 수밖에 없다. 첫 번째, 색(色)은 몸이다.

우리의 몸은 유전, 환경, 생활습관 등의 여러 가지 요인들로 인해 깨끗한 상태가 아니다. 몸의 독소가 심리 작용에 끼치는 해악이 크다. 한편 사람마다 업연이 다르기에, 육신의 청정도는 각기 차이가 있다. 수행의 기초는 몸을 바르게 하는 일이다.

몸을 바르게 하는 핵심은 자신의 상태에 맞는 몸의 균형조율이다. 방법은 개인적인 불균형의 원인을 역으로 돌려, 자세, 행동, 운동, 식습관 등의 생활습관을 조율해서 균형을 회복하는 것이다. 균형이 회복된 이후에는 균형을 유지하는 데 노력한다. 특별한 방법에 너무 집착하는 것은 좋지 않다. 개인의 상황에 맞게 몸이 균형을 유지하면, 신경호르몬과 내장 기능이 원활하게 작용하고 심신이 안정된다.

두 번째, 수(受)는 감각과 심리의 단계다.

색수(色受)는 하나로 연결되어 있다. 몸의 생리가 바로 심리와 감각에 영향을 미친다. 서양의 심신의학(心身醫學)은 바로 이 단계에서 몸과 마음의 상호작용을 주로 다루고 있다. 수(受)는 외부의 자극에 영향을 받기 때문에, 깨달음을 지향한다면, 금욕적인 수행법이 필요하다.

육체적 감각과 정서를 청정하게 회복하는 단계에서, 석가모니가 권한 수행법 중에서 가장 강력한 것은 백골관(白骨觀)이다. 욕망의 찌꺼기를 남김없이 제거하는 가장 빠른 길은 욕망 자체가 덧없다는 인식을 뼛속 깊이 체감하는 일이다. 일체의 욕망에서 벗어날 때, 현상의 객관적 실체가 보이기 시작한다. 색수(色受) 단계에서는, AI를 활용한 첨단과학의 도움을 받을 수 있다. 이 점에서, AI 시대는 기초 수행에 유리한 환경을 제공할 것이다.

세 번째, 상(想)은 의식의 연상(聯想) 단계다.

이것은 십이연기에서 명색(名色)으로 표현되어 있다. 모든 것이 상대하는 세계에서 사는 우리는 생각, 즉 관념(名)과 그 대상(色)을 하나로 결합할 수밖에 없다. 대상이 없는 관념은 존재하지 않는다. 물리 세계에서 가장 효율적인 결과를 낸 서양적 사고의 전형이 연상 단계의 의식이다.

다만 불교는 생각도 육경, 즉 색성향미촉법(色聲香味觸法)의 한 대상이라고 보는 관점에서 독특하다. 물리적 대상으로서의 생각인 법(法)과 물리 상태를 떠난 의식을 구별하고 있는 부분이 유식학의 뛰어난 점이다.

양자물리학이 극도로 발전해서 양자컴퓨터가 일반화된다 해도, 그것이 도출해내는 사실은 물리적 변화 속에서 새로운 관점과 개념을 보여줄 뿐이다. 관점의 전환을 통해 새로운 시각으로 이룬 물리적 융합은 결국 물리 세계의 경계에 있을 수밖에 없다.

상(想)의 단계에서 생각의 사슬을 끊는 좋은 수행법으로는 포행(布行), 화두 참구, 염불 수행 등이 있다. 특히 염불 수행은 이근원통(耳根圓通) 수행법으로, 관세음보살이 사바세계에 가장 적합한 수행법으로 제시한 것이다.

네 번째, 행(行)은 생명의 근원 동력이다.

좀 더 정확히 표현하자면, 생명의 기운과 의식이 하나가 된 상태다. 고대 동양에서는 이것을 기(氣)라고 했다. 기는 일종의 생명 에너지 정보다. 원초적 생명력과 의식정보가 하나로 결합한 상태. 행(行)부터는 전문적인 수행의 단계다. 행(行)은 언어적 관념이 끊어진 상태이기 때문에, 이론을 세우는 과학으로는 이 경계를 벗어날 수 없다.

석가모니는 이 단계의 수행법으로 안나반나(安那般那) 수행법을 제시했다. 들숨인 안나와 날숨인 반나가 조화를 이루면, 의식과 호흡이 하나가 된다. 이 상태가 안반수의(安般守義)다. 요점은 호흡 자체가 아니라 호흡을 통해 자의식을 비우는 데 있다.

호흡 이외에도 포행, 화두, 염불 등 다양한 집중대상을 통해 의식과 대상이 하나가 될 수 있다. 이 상태에서 수행을 지속하면, 어느 순간 기존의 의식과 대상 자체가 사라지는 새로운 경계로 올라간다. 오음이 전화되는 모든 단계에서 차원이 다른 의식상승이 일어난다.

의식이 비약할 때, 많은 신비한 현상이 발생한다.

이때 생기는 각종 현상을 신통으로 착각하고 집착하면, 마경에 빠지게 된다. 이 점을 특별히 조심하자. 수행은 신통을 얻기 위함이 아니다. 그러므로 《금강경》의 "마땅히 머문 바 없이 마음을 내야 한다(應無所主而生其心)."라는 말씀을 항상 새겨야 할 것이다.

오음의 마지막 다섯 번째 식(識)은 의식의 근원 경계다.

이것은 무명(無明)을 만든 최초의 한 생각이 일어난 미약한 의식의 마지막 습기다. 지관(止觀)이 완전해질 때, 습기의 완전한 제거는 가능하다. 쉽게 말하자면, 몸의 생리와 마음의 심리 작용이 모두 멈춘 이후에, 식(識)을 포함한 오음이 모두 공(空)함을 철저하게 비추어 볼 수 있다. '비추어 봄(照見)'이라는 말 속에 의식의 습기가 사라지고, 모든 것을 있는 그대로 바로 보는 직관의 힘을 완성했다는 의미가 내포되어 있다.

식음(識陰)의 근본은 전도망상이다.

이 때문에 "일체의 견문과 지각을 멸해, 안으로 그윽이 한가로움을 지켜도, 여전히 법진의 분별영사가 되고 만다(縱滅一切見聞覺知, 內守幽閑, 猶爲法塵分別影事)."라는 《능엄경》의 말씀에 특별히 주의해야 한다. 식음이 다해도, '법진(法塵)'이란 의식의 경계에 머물기 때문이다.

그래서 석가모니는 "비록 구차제정을 이룬다 해도, 번뇌를 다 없앤 아라한과는 얻을 수 없다(現前雖成九次第定, 不得漏盡成阿羅漢

果)."라고 분명히 말씀했다. 좌선을 통해 아무리 오래 선정에 들어도, 완전한 깨달음을 성취할 수 없다는 뜻이다.

선정의 고요함에 안주하면, 공(空)에 집착하기 쉽다.

공즉시색(空即是色)의 단계로 넘어가, 오음을 반대로 중도실상으로 전환해야 한다. 성불하기 위해선 번뇌를 보리로 전화시키는 반야의 대지혜를 성취해야 하는데, 그것은 바로 행원(行願)에서 온다. 대보살들이 대원력을 세워 이 세상에서 보살도를 행하는 이유는 바로 여기에 있다. 생활수행의 관점에서 〈보현보살행원품〉을 눈여겨볼 필요가 있다.

명상이 유행하고 있지만, 일반적인 명상으로는 깨달을 수 없다.

그 이유는 명상의 목적이 대부분 심리적 안정, 집중력 향상, 심신의 휴식 등과 같은 자기만족을 위한 것이기 때문이다. 땅에 심는 씨의 종류와 가꾸는 정도에 따라 결실이 다르듯이, 수행의 목적에 따라 깨달음의 종류와 정도도 다를 수밖에 없다.

위 없는 깨달음에 이르고자 한다면, 완전한 무소유의 정신으로 일상에서 모든 중생을 구제하는 보살행(菩薩行)에 동참해야 한다. 앞으로 인간은 우주 시대를 열게 될 것이다. 인간이라는 작은 존재의 생명의식을 넘어 우주를 포괄하는 보편적 의식의 파동에 공명할 때, 인류는 불교가 지향하는 화엄의 세상을 만날 수 있다.

10. 명상에 머물지 말고 삶에서 도리를 구하라

수행을 말하면, 대부분 사람은 마음집중을 통해 선정을 얻는 것으로 여긴다. 그러나 마음집중은 수행의 시작에 불과하다. 석가모니가 모든 외도(外道)를 물리친 근본적인 차이점은 선정이 아닌 위 없는 지혜였다.

불교는 지혜의 종교다.

누차 강조했듯이, 진리를 추구하는 바른 뜻과 모든 생명을 아우르는 보살행이 반야의 지혜를 완성하는 양대 축이고, 각종 수행법은 이 둘을 견고하게 지탱하는 가로대와 같다.

대부분 수행자는 관념적 환상에 불과한 것을 찾고 의지하려는 습성이 있다. 그러나 어떤 실체를 가진 것은 예외 없이 사라지는 법이다. 일시적인 환상에 끌려다니기에는 우리의 삶이 너무 소중하다. 그렇다면 영원한 진리를 어떻게 체득할 것인가?

진리는 생동하는 본질이다.

따라서 동적(動的)인 수행이 필요하다. 물론 좌선(坐禪)과 같은 정적(靜的)인 수행도 중요하다. 다만 좌선은 고요함 속에서 생명력을 회복하는 데 핵심이 있다.

마음집중을 통해 들어가는 지극히 고요한 경계가 수행의 목표라면, 불도는 외도와 크게 다르지 않다. 표현과 방법은 달라도 그런 경지는 외도에서도 흔히 볼 수 있다. 다만 외도는 그 상태에서 찾은 절대적 존재나 이치에 따라서 사는 데 수행의 목적이 있다. 그러나 불도는 일체에 매임이 없는 지혜를 증득(證得)하고, 그 지혜를 통해 모든 중생과 함께 하는 삶에 중점이 있다.

이와 관련한《능엄경》의 내용을 다시 한번 더 새길 필요가 있다.

선정수행의 단계를 설법한 이 경전은 오음(五陰)의 마지막 단계인 식음(識陰)이 모두 청정해져도, 그 근본은 전도몽상에 불과하다는 사실을 우리에게 알려준다. 선정만으로는 진리를 얻을 수 없고, 바른 뜻을 실천하는 행원(行願)에서 반야의 대지혜는 발현된다. 과거불인 대통지승불(大通智勝佛)이 삼매의 경지에서 십겁(十劫)을 도량에 앉아 있어도 불도를 이룰 수 없었던 이유도 여기에 있다.

명상에 좋은 점이 많기에, 그에 따른 피해도 크다.

내게는 명상에 대해 경각심을 가지게 된 한 가지 일화가 있다. 내게 처음으로 참선의 맛을 가르친 한 스님에 관한 것이다. 그 스님은 자신의 오도(悟道) 경험에 관한 책자를 내게 준 적이 있었다. 그 속에는 스님이 명상에 깊이 들어가 죽은 영혼과도 대화를 나누거나, 유체이탈(幽體離脫)을 통해 지구 밖 우주를 주유한 내용 등이 담겨있었다. 명상을 통해 신비한 경험을 했지만, 그분은 얼마 지나지 않아 스스로 목숨을 끊었다.

이와 비슷한 사례는 초기불교 시대에도 흔히 있었다. 명상에서 일어나는 의식상승도 하나의 경계다. 불교의 특징은 일체 현상에서 고정된 실체의 집착에서 벗어나는 데 있다.

진리의 이치는 불변하지만, 진리의 발현은 유동적인 상태에 있기 때문이다. 불교 수행의 핵심이 무아(無我)인 점에서도 알 수 있다. 일체에 걸림이 없는 완전한 자유는, 고요함에 머물러 있는 상태가 아닌, 생명의 유동성 속에서 걸림이 없는 지혜를 통해 얻을 수 있다.

따라서 일상에서 생동하는 지혜를 체득하는 것이 수행의 요점이다.

하지만 현재, 삶의 지혜를 개발하는 수행은 거의 뒷전에 있다. 대부분 뭔가 신통한 경계를 얻기 위해, 현실과 동떨어진 공간에서 명상이나 특별한 의식에 열중하고 있다.

그러나 진리는 어떤 진공상태에서 찾으려고 해도 찾아지지 않는다.

진리는 한곳에 영원히 머물지 않는 특성이 있기 때문이다. 머물지 않기에, 진리는 신비한 경계를 지니지도 않는다. 그래서 석가모니는 《금강경》에서 모습이나 음성으로 진리의 실상인 여래를 구할 수 없다고 분명하게 말씀했다. 《금강경》이 불교계에서 가장 소중히 여기는 경전 중의 하나임에도 불구하고, 신비한 경계의 얘기를 하거나 듣기를 좋아하는 수행자들을 주변에서 흔히 볼 수 있다.

동적인 수행의 도리를 체득하기 가장 좋은 수행법은 팔정도(八正道)다. 팔정도를 현대적으로 설명하면 몸, 마음, 삶에서 일어나는 일체의 행위를 닦는 일이다. 삶의 도리를 닦으면, 몸과 마음을 통합한 생활수행이 저절로 이루어진다.

《법화경》에서 석가모니가 "일체 생활방도와 생산이 모두 실상과 어긋나지 않는다(一切治生産業, 皆與實相, 不相違背)."라고 하신 말씀에서 알 수 있듯이, 일상에서 삶의 도리를 닦는 일은 온전한 지혜를 체득하는 바른길이다. 육조 혜능도 세간을 떠나서 불도를 깨달을 수 없음을 분명히 했다.

앞에서 나는 삼십칠조도품이 팔정도로 수렴한다고 얘기한 바 있다. 중복되는 부분들이 있더라도, 도리 수행에서 매우 중요하므로 확실하게 정리하는 차원에서 팔정도와 십이연기의 관계, 그리고 도리를 체득하는 구체적인 실천방안의 필요성에 관해서 설명하고자 한다.

도리를 닦는 데도 단계가 있다.

바른길을 가려면, 무엇보다 먼저 목적지를 바르게 설정해야 한다. 그 설정이 바로 바른 뜻이다. 바른 뜻은 진리로 안내하는 좌표와 같다. 수행의 목적을 진리의 증득에 두지 않으면, 바른 깨달음에 이를 수 없다. 뜻을 바로 세운 다음에는, 진리에 이르는 데 장애가 되는 요소들을 제거하는 일이 중요하다. 여기에는 심신의 독소, 삶의 현상적 인과와 잠재된 업인(業因) 등을 깨끗하게 소멸시키는 수행이 포함된다.

장애 요소들의 제거에도 지혜가 필요하다.

우리는 육체와 분별의식의 집합체인 오온(五蘊)에 갇혀있다. 따라서 그 한계에서 벗어나는 기본요건은 존재의 실상에 대한 정견(正見)이다. 생명작용, 의식의 체계와 흐름, 그리고 세상의 현상에 대한 바른 견해를 함양해야 한다.

현상의 세계에서는 먼저 상대적 관계에서 이루어지는 물리적 수행이 필요하다.

감각, 감정, 이성은 모두 상대하는 대상과의 결합에서 발생하는 것임을 철저히 자각하고, 그 관계를 청정히 하는 일을 지속한다. 이것은 십이연기 중에서도 특히 명색(名色) 이하에서 필요한 수행이다. 욕계(欲界)에 사는 우리는 욕망에서 벗어나기 힘들다. 하지만 도리에 맞게 삶을 지속하면, 의식이 밝아지고 욕망의 대상에 집착하지 않을 수 있게 된다.

물리적 경계의 수행이 인과의 수행이라면, 업(業)의 근본 종자를 소멸시키는 수행은 인연의 수행이다. 삶의 도리 수행은 깨달음의 연기적 사고로 전환하는 통로다.

명색의 단계를 넘어 물리 세계의 상대성에서 비교적 자유로워지는 식(識), 행(行), 그리고 마지막 무명(無明)으로 거슬러 올라가 지혜 광명(光明)을 회복하려면, 정정진(正精進), 정념(正念), 그리고 정정(正定)을 강화하는 집중수행의 과정을 거쳐야 한다. 팔정도 전체가 단계적으로 상호 보완되며 상승하는 과정을 통해 정견(正見)으로 대원환을 이룬다.

팔정도 수행에 있어서 십이연기의 이해는 매우 중요하다. 십이연기는 여러 각도로 설명할 수 있지만, 여기서는 윤회의 핵심이 십이연기라는 사실을 강조하고 싶다.

윤회의 문제를 가지고 논란이 많지만, 윤회의 본질은 바로 십이연기의 업력(業力)이다. 오온이 십이연기 안에서 맴돌고 있다면, 윤회하는 삶이다. 반면에 십이연기와 오온의 업장에서 완전히 벗어나면, 윤회에서 자유로운 니르바나의 삶이 된다.

우리는 지나치게 서양의 인과적 사고에 함몰되어 있다. 불교 수행자들도 예외는 아니다. 관념적으로 어떤 현상을 이해해서 설명한다고, 그 현상에서 벗어날 수는 없다. 관념적 사고는 끝없는 선형적 모순을 일으키는 메마른 지식을 양산할 뿐이다.

물리적 인과의 이해와 본연적 인연의 실천이 다른 점은 모순을 대하는 태도에서 분명하게 이해될 수 있다.

사랑을 예로 들어보겠다. 인과적 사랑에서는, 적을 사랑할 수 없다. 적대적인 상대를 사랑하는 것은 인과의 논리에 모순되기 때문이다. 하지만 본원적인 인연의 사랑에서는, 원수도 사랑할 수 있다. 인연법(因緣法)에 따라 십이연기를 거슬러 올라가서 무명을 밝히면, 모든 생명의 평등한 존엄성을 깨닫기 때문이다.

이처럼 진리의 삶은 논쟁의 굴레에서 벗어나 있다. 지나치게 인과적 물질세계에 함몰되면, 다람쥐 쳇바퀴와 같은 십이연기의 순환 속에서 인생을 살 수밖에 없다. 그렇다고 반대로 모든 사람이 일상의 삶을 도외시하고 외딴곳에서 사회와 동떨어진 삶을 살 수도 없다.

따라서 중도의 이치를 삶과 수행에 모두 적용해야 한다. 학문적으로 용어의 선택이 다를지 모르지만, 현상의 중도와 본질의 중도실상은 하나로 통한다.

관념적 언어의 도움으로 수행에 입문하고, 관념을 떠난 무아로 수행을 완성한다. 따라서 물리적 인과의 속박에서 자유로운 상태로 전환하는 데는 양면적 수행이 동시에 필요하다. 윤회에 관한 논쟁으로 시간을 낭비할 것이 아니라, 무아의 삶을 실증하는 데 집중하는 쪽이 현명하다. 물리적 인과와 본연의 인연을 연결하는 다리는 중도의 도리다.

삶의 양극적 모순이 지닌 거친 흐름을 조화하는 중도의 도리를 통해 최종적으로 깨달음의 연기적 직관으로 전환할 수 있다. 비선형적 직관으로 논리의 모순을 초월하고 십이연기를 역행해서 본심으로 돌아간다.

인연의 수행을 통해 감각, 감정, 관념 이전의 직관을 회복하는 본원적 수행을 완성한다. 무아의 삶은 머물지 않는 중도의 동적 사고에서 구현된다. 다만 모든 생명을 아우르는 흐름의 중심을 잡는 힘은 바른 뜻이다. 초발심의 바르고 확고한 의지가 정등각에 이르는 이치도 이 점에서 이해할 수 있다.

인연의 수행은 진정한 도리를 닦는 수행이라고 할 수 있다.

일상에서 인연을 통찰하는 최고의 방법은 보편적인 도리에 맞는 삶이다. 도리 수행은 달마대사가 강조한 이입(理入)과 행입(行入)을 동시에 닦는 수행이다. 도리에 맞게 생활하면, 몸과 마음이 청정해진다. 독소가 쌓이는 원인은 도리에 맞지 않게 몸과 마음을 쓰는 데 있다.

또한, 바른 도리의 삶은 인연에 부합하는 지혜와 복덕을 가져온다.

지혜와 복덕을 먼 곳이나 대상에서 구할 것이 아니라, 지금 여기에서 생각, 말, 행동을 도리에 맞게 하자. 바른 도리로 생계를 유지하면, 동체대비(同體大悲)의 지혜가 우러나온다. 도리의 삶이 지혜 광명에 이르는 첩경이다.

삶의 도리가 완성되면, 모든 상대성의 경계를 초월해서 본심을 향한 수행이 가능하다.

그동안 나는 융합수행 시스템을 꾸준히 제안해왔다. AI 시대에 존엄한 삶을 위해, 팔정도의 도리 수행에 최적화된 수행공간과 생활수행 시스템의 개발과 보급이 절실하다. 그 준비작업으로 먼저 8가지 바른 도리를 활용한 다양한 인간교육 및 수행프로그램을 실습하고 바른 생활습관, 즉 정업(正業)을 이루는 특별한 모델링을 본격적으로 할 때가 왔다.

모델링을 통해 모든 종교를 통섭하는 보편적인 수행문화와 시스템을 지역이나 기업의 특성에 맞게 조율해서 널리 확산하면, 사회의 건강과 평화, 그리고 기업의 생산성 향상에 크게 도움이 될 수 있다. 더불어 이 작업은 세간의 생활수행과 사찰의 전문 수행을 연결하고, 양쪽 모두에 새로운 활력을 줄 것이다.

11. 대서원과 보살행

중생이 무명(無明)의 고통에 있는 원인은 어리석은 마음에 있다.

하지만 그 마음을 바르게 돌리면, 밝은 지혜의 광명(光明)을 회복하는 원동력이 된다. 석가모니는 "일념 속에 팔만사천의 번뇌가 있다."라고 말씀했다. 마음을 잘못 먹으면 모든 죄의 근본 종자인 번뇌가 되지만, 번뇌를 돌이켜 지혜의 마음을 내면 깨달음의 종자가 된다.

번뇌를 진리의 종자로 전환하는 가장 강력한 동인은 깨달음의 서원과 보살행에 있다. 위 없는 평등한 깨달음을 얻고자 한다면, 일반적인 희망 사항이 아닌 일체종지(一切種智)를 얻어 일체중생을 구제하겠다는 대서원(大誓願)을 세우고 보살행(菩薩行)을 해야 한다.

진리의 세계로 들어가는 길은 두 가지가 있다.

하나는 깨달음의 이치로 들어가는 길이고, 다른 하나는 보살행으로 들어가는 길이다. 이 두 가지가 서로 보완을 이루며 하나가 될 때, 가장 강력한 힘을 발휘한다. 지혜를 상징하는 문수보살과 보살행을 상징하는 보현보살이 석가모니의 협시보살인 이치도 여기에 있다.

반야의 대지혜(大智慧)와 대자비(大慈悲)의 문을 여는 길은 번뇌가 들끓는 일상의 삶 속에 있다. 일상의 삶을 떠나서 보리(菩提)를 구하는 것은 허공에서 양식을 구하는 것과 같다. 그러나 많은 수행자가 일상을 떠나 특별한 곳에서 특별한 수행법을 찾아 헤매고 있다.

수행의 근본이 대서원과 보살행에 있다는 사실을 바르게 의식하지 못한 데 그 원인이 있다.

어떤 면에서는 수행도 일종의 유행이 되어버렸다. 참 안타까운 일이 아닐 수 없다. 뭔가 새로운 것을 찾아서 늘 헤매지만, 언제나 허상과 공허함이 몰려올 뿐이다. 지금 여기에서 무명의 삶을 광명의 삶으로 방향을 전환하는 이치를 모르기 때문이다.

수행자가 속세와의 인연을 끊는 것은 번뇌의 종자를 깨달음의 종자로 바꾸기 위한 일시적인 방편이다. 욕망을 추구하는 업(業)을 깨끗하게 정화할 때, 수행의 동력을 크게 낼 수 있기 때문이다. 이 과정을 마친 수행자는 다시 세속으로 돌아 일체종지를 증득하는 과정인 만행(萬行)이 필요하다.

수행을 완성하는 실질적인 동력은 일상의 삶에 있기 때문이다.

모든 영적인 존재들이 의식의 상승이나 완성을 위해 사바세계로 돌아오는 이유가 여기에 있다. 이 부분을 몸소 보여준 인물이 바로 달마대사다. 우리는 보통 달마대사를 선종(禪宗)을 창시한 인물로 알고 있다. 하지만 달마대사가 강조한 것은 우리가 현재 알고 있는 화두 중심의 선(禪) 수행과는 차원이 다르다.

달마대사가 전한 수행의 중점은 이입(理入)과 행입(行入)이었다.

앞서 얘기한 것처럼, 바른 이치를 익히는 수행의 길이 이입이고, 바른 행위로 바로 들어가는 것이 행입이다. 선의 진정한 중심은 달마대사가 제시한 행입이었다. 바른 이치와 바른 행위가 하나로 융합되고 수행력이 무르익을 때, 참선의 효과가 나온다.

심신의 상태가 매우 불안정하고 탁한 상태에서 화두 수행으로 진리를 구하는 것은 마치 모래로 밥을 짓는 것과 다름이 없다고 할 수 있다.

달마대사는 9년 면벽 수행으로 유명하다. 하지만 달마대사는 새로운 어떤 것을 깨닫기 위해 수행한 것이 아니라, 수행의 참된 이치를 전할 시절 인연을 기다린 것이다. 후에 선종의 2대조로 평가되는 혜가(慧可)가 찾아왔을 때, 달마대사가 그를 제자로 삼은 연유는 왼팔을 잘라 보인 그의 진심에 있었다. 대도(大道)를 구하는 그의 마음이 그런 행동을 하게 한 원동력이다.

달마대사는 혜가의 행위에서 도(道)를 전할 인연을 보았다.

진리를 추구하는 수행을 하려는 사람은 무엇보다 먼저 대서원을 세워야 한다. 대서원에서 진리의 행(行)이 나오기 때문이다. 혜가의 경우처럼 구도의 진실한 마음을 내면, 그에 상응하는 행위가 몸과 마음과 삶 속에서 일어나기 마련이다.

행(行)과 원(願)이 상호작용하면서, 지혜의 밭을 일구게 된다. 수행이 익으면 행원(行願)은 하나로 작용하지만, 처음에는 서원이 행위를 일으키고, 행위의 작용을 통해 서원의 뜻은 더욱 굳건해진다.

행원을 대표하는 보현행(普賢行)은 보살의 역할과 궁극적 지향점을 알려준다. '보현'이란 말 속에는 일체중생과 하나가 되는 자비와 지혜의 능력이 함축되어 있다. 일체의 분별과 아집을 없앨 때, 존재와 현상을 평등하게 대하는 보현행이 가능하다.

보살의 삶에서는 행원의 추진력이 스스로 우러나오므로, 보현행은 가장 실질적인 무아(無我)의 수행이 된다. 따라서 행원을 늘 되새기며 보살을 닮아가는 노력은 그 어떤 수행법보다 뛰어난 효과를 발휘한다.

염불(念佛)의 진정한 의미도 여기에 있다. 불보살의 행원을 늘 마음속에 새기고 거룩한 삶을 본받으면, 언젠가 깨달음의 시절 인연이 오게 되는 법이다. 다만 그 과정이 장구하다. 따라서 조급한 마음을 버리고, 인욕(忍辱)의 정신을 길러야겠다.

보현행은 자리이타(自利利他)의 수행 정신을 실천하는 일이다.

대서원과 보살행으로 나와 남이 더불어 이익되는 사회를 구현하는 삶을 통해, 개인의 인격은 성숙하고 공동체의 문화는 조화를 이루며 융성하게 된다. 수행문화가 일상의 삶에 녹아들면, 모든 영역의 폐쇄적인 경계는 허물어질 수밖에 없다. 종교의 형식적인 경계도 점차 사라지고, 보편적인 정신문화가 모든 종교를 관통하고 융합하는 작용을 할 수 있다.

역사상 큰 발전을 이룬 나라를 보면, 나라의 기운을 바로 잡는 정신문화가 먼저 나라의 풍속을 안정시킨 사실을 알 수 있다. 정신문화의 기운이 사그라지면, 대제국도 예외 없이 풍속이 타락하고 몰락의 길로 접어들었다.

지금의 미국도 예외는 아니다.

미국이 20세기에 세계최강의 국가로 발돋움한 원동력은 19세기에 에머슨과 그를 따르는 초절주의자들이 동서를 아우르는 정신문화의 토대를 마련한 데 있다. 그러나 지나치게 발전한 물질문명으로 풍속이 점차 타락하면서, 지금 미국은 보편 정신을 망각하고 있다. 이 상태가 계속된다면, 기존의 세계질서는 무너지고 극심한 혼란이 발생할 수 있다.

세상의 혼란을 바로 잡을 수 있는 유일한 해결책은 보현행의 정신이다. 인류문화를 하나로 통섭하는 보편 정신만이 세상을 구할 수 있다. 나는 우리나라가 AI 문명의 흐름에 맞는 새로운 보편 정신을 융합하기를 소망한다. 그러나 보편 정신을 깨우고 추진동력을 확보하는 일은 쉽지 않다.

뭔가 특별하고 강력한 동기부여가 필요하다.

인간의 뇌는 동기부여가 클수록 반응도 크게 보이는 구조를 지니고 있다. 절에서 천도재나 생전예수재 등과 같은 특별한 행사를 거행하는 본질적인 취지도 의식을 깨우는 데 있다. 이런 행사를 통해 단순히 복을 빌기보다는 수행의 의지를 강건하게 다질 때, 인생의 대전환을 이룰 수 있다.

같은 차원에서, 시대정신을 새롭게 전환하는 데도 특별한 의식이 필요하다. 여기에는 신문명사회의 파동을 일으킬 정도의 '영적 공명'이 요구된다. 진리에 뜻이 있는 사람들이 모이면 커다란 영적 공명이 일어날 것이다. 여기에 과학자가 참여하면 그 파장이 더욱 커질 수 있다.

AI 시대에는 과학이 영성과 하나로 수렴할 것이다.

나는 보편적 수행의 도리를 갖춘 과학기술자가 앞으로 AI 문명을 이끌 주역이 되리라 생각한다. 다행히 우리나라의 여러 과학기술원에서 AI를 대비하는 차원에서 인문학, 공연예술 등을 교육 과정에 도입해서 과학도의 정신을 일깨우고 있다.

하지만 아직은 이론이나 즉흥적인 문화콘텐츠 등으로 현상적인 융합에 치중하고 있다. 정신문화를 중심에 두고 현상과 본질 양면에서 모든 영역을 아우르는 시도가 본격화되어야 한다. 이 점에서, 인간교육과 수행문화를 통해 새로운 시대정신을 융합하는 일이 가장 바람직하다.

물질적 편의나 이익에만 연구가 집중되면, 인류의 장래는 암담하다.

물질과 정신을 통섭할 수 있는 중도적 시각을 갖춘 과학자가 보살의 정신으로 사회 발전에 이바지할 때, 인류사회는 안정적인 발전을 지속할 수 있다. 이 점에서, AI 시대를 대비하고 동시에 우리 사회의 문제를 해결하는 방안으로 인간교육과 수행문화의 필요성은 갈수록 주목받을 것이다.

우리가 교육과 문화를 통해 과학과 영성을 융합하는 보편적 도리를 추구하면, 우리나라는 AI 문명사회의 중심축이 될 수 있다. 한류의 세계적 흐름을 잘 이용하면 가능한 일이다. 한류에 정신문화를 융합하면, 우리는 세계의 정신문화를 선도할 수 있다.

수행에 관한 이론적인 논의는 앞으로도 여러 영역에서 되겠지만, 지금 더욱 필요한 것은 동서양의 종교사상을 통섭하고 각종 사회문제를 해결하는 실질적인 정신문화를 융합하는 일이다. 사회제도나 법률로 사회의 구조적 문제를 해결하는 데는 한계가 있다. 근본적으로 인간의 심층적인 정신문화가 중심을 잡을 때, 표면으로 드러난 사회 문제를 해결할 수 있다.

이 점에서, 존엄한 삶과 죽음에 관한 보편적인 정신문화가 중심을 잡을 때, 사회 모든 영역에서 표출된 심각한 불균형을 조율할 수 있다.

AI 시대에는 양자물리학이 극도로 발달하면서, 미시세계와 거시세계를 하나로 통섭하는 메커니즘이 일상생활과 첨단기술에 활용될 수 있다. 이런 시대 흐름을 선도하려는 사람들에게는 정신을 늘 새롭게 깨우는 수행이 생활화될 수밖에 없다. 변화가 일상인 시대에서, 끊임없이 균형을 조율하는 무아(無我)의 삶은 필수적이다.

어떤 성과에 안일하게 만족하는 사람은 급변하는 흐름 속에서 살아남기 힘들다.

이제 세상은 단순히 꿈꾸는 세상에서 꿈을 실현하는 세상으로 변하고 있다. 어떤 꿈을 꾸고 그것을 구현하는 방식에 따라, 인류의 문명은 달라진다. 앞으로는 물질의 주인이 되는 정신을 깨우고, 끊임없이 삶을 혁신하는 사람만이 존엄한 생명력을 오래 유지할 수 있다.

인간은 신을 섬기는 시대에서, 신의 능력을 지닌 신인(神人)이자 인간 보살의 시대로 나아가고 있다.

앞으로 존재가 지닌 시공의 관계적 공시성(共時性)과 시공을 초월한 통시성(通時性)을 동시에 의미하는 보현행이 수행의 중심과제로 부상할 것이다. 보편적 도리에 의한 삶의 수행이 지구의 한계를 깨고, 우주 시대를 여는 핵심 열쇠다.

보현행은 모든 생명이 함께 조화를 이루는 화엄의 세계를 구현하는 원동력이다.

12. 존엄한 삶과 죽음을 위한 팔정도 생활수행

무명(無明)에 휩싸인 인간은 어떤 현상이나 사상을 신비화하고 맹종하는 습성이 있다.

어리석은 습성은 종종 상식 밖의 폭력성으로 비화한다. 폭력적인 현장에서 인간의 존엄성은 고려되지 않는다. 과학이 발달할수록 합리적인 문화는 확산하고 있지만, 폭력성은 줄지 않고 있다. AI가 인류의 평화와 존엄한 삶을 지키는 데 이바지할 수 있을까?

그럴 가능성은 희박하다.

특이점 이후 본격적인 인공지능의 시대가 돼도, 인간은 우주의 4% 정도에 불과한 가시적인 현상세계에 머물 수밖에 없다. 여전히 좁은 의식의 경계에 매몰된 채, 양극적 현상의 모순 속에 있게 된다. 사회가 정밀해질수록, 모순의 양상은 오히려 더욱 미세하고 복잡해질 수 있다. 보편적 생명의식이 깨지지 않는 이상, 인간의 존엄성은 현실과 동떨어진 관념적 명제로 전락하기 쉽다.

물질세계의 모순을 해결하기 위해 서양과학은 수많은 노력을 기울였다. 첨단 물리학의 발전 과정에서, 서양은 동양의 정신문화에서 많은 영감을 받고 비약적인 발전을 이루었다. 양자물리학의 영향으로 인간의 정신을 깨우는 정신문화 활동도 활발하게 전개되었다.

그 대표적인 예가 명상이다.

그러나 명상은 정신집중의 한 방법일 뿐이다. 앞서 살펴보았듯이, 명상으로 색수상행식(色受想行識) 전체를 다 밝혀도 전도몽상에서 벗어날 수 없다. 양자물리학도 여전히 상대성의 세계에 머물 수밖에 없는 이유이기도 하다.

불도의 진리가 드러나지 않으면, 여전히 무명일 뿐이다.

명상으로 느낄 수 있는 인간의 존엄성은 언제든지 사라질 수 있는 일시적인 안도감에 불과하다. 명상공간 밖의 요동치는 현실에서 존엄성은 그저 상대적인 존중에 불과하다. 완전한 지혜가 드러나지 않은 상태에서 느끼는 존재의 기쁨은 언제든지 사라질 수 있는 환상에 불과하다. 이 점에서, 존엄한 삶과 죽음의 의미를 성찰해볼 필요가 있다.

존엄성의 측면에서 성공적인 삶은 부, 권력, 명예 등의 피상적인 성취 여부가 아니라, 주체적이고 자유로운 삶에 있다. 따라서 존엄성은 특정한 지위가 아닌 삶의 방식에 달려있다. 존엄하게 살기 위해서는 삶의 태도를 완전히 혁신해야 한다.

우리는 고정된 인생의 목표를 향해 달려가고 있다. 그러나 명사적(名詞的) 존재 방식은 끊임없이 변화하는 현상 속에서 영원성을 유지하기 힘들다. 그러므로 지금 여기에서 영원성과 함께 하는 유일한 길은 생명의 율려작용에 동참하는 동사적(動詞的) 삶이다.

삶의 방식에 관해《법화경》은 많은 영감을 준다.

석가모니는 일상과 열반을 분리하지 않고, 여러 가지 방편을 통해 번뇌화택(煩惱火宅) 속에 열반에 이르는 길이 있음을 말씀했다. 불도에 관한 일체의 경계를 다 허묾으로써 대자유의 삶을 제시했다. 모든 삶의 형식과 방식에서 자유로운 상태에서 가장 숭엄한 법열(法悦)을 누릴 수 있다.

걸림이 없는 자유를 누리되 바른 도리에서 벗어나지 않는 삶이 무아(無我)이자 진아(眞我)의 삶이다.

인간의 존엄성을 회복하는 유일한 길은 현상과 본질을 잇는 도리 수행이다. 나는 앞서 삶의 도리를 완성하는 대표적인 수행법으로써 팔정도(八正道)를 여러 관점에서 소개했다. 마지막으로 존엄한 삶과 죽음의 측면에서 팔정도 수행을 다시 한번 종합적으로 정리하겠다.

존엄성은 조화로움을 유지하는 품격에 있다.

팔정도를 일상에서 실천하는 삶이 인생의 품격을 완성하는 가장 바른 길이다. 정견, 정사, 정어, 정업, 정명, 정정진, 정념, 그리고 정정이 삶 속에서 녹아서 하나로 체화될 때, 팔정도는 완성된다. 8가지 바른길을 통해 수행과 수도, 소승과 대승은 하나로 연결된다.

우선 정견(正見)의 함양으로 수행에 들어간다.

일차적인 정견 확립은 석가모니 말씀의 핵심 파악이 관건이다. 따라서 처음에는 각론보다는 개론서를 보면 좋다. 내 경우에는 좀 특수하게도 구마라집이 한역한《마하반야바라밀경》을 번역하면서, 불교를 수행의 측면에서 이해했다. 특히 이 경을 해석한 용수보살의《대지도론》을 참고하면서, 나는 중도의 이치를 파악했다.

정사(正思), 정어(正語), 정업(正業), 그리고 정명(正命)은 일상에서 하는 바른 생각, 바른말, 바른 행동, 그리고 바른 생계 활동이다.

현실의 삶을 사는 우리는 현상적 변화에 바르게 대응하는 법을 배우고 체득하는 데 집중해야 한다. 특히 신구의(身口意) 삼업(三業)을 도리에 맞게 하면, 업을 정화할 수 있다. 삼업이 청정하지 않은 상태에서 생계 활동을 하면, 정명의 단계에서 많은 난관에 부딪히게 된다.

정명은 정견에 기초한다.

세상을 보는 눈이 밝지 않으면, 시류에 휩쓸려 직업을 선택하기 쉽다. 일시적으로 돈과 권세가 몰리는 직업에서는 자신의 존엄성을 유지하기 힘들다. 자신의 개성과 시대의 흐름을 종합적으로 판단하고, 무엇보다 인격을 함양할 수 있는 직업의 선택이 중요하다. 한편 평균수명이 증가하고 기술의 발전이 급변하는 시대이므로, 생애주기별로 직업의 관점을 달리할 필요도 있다.

사회생활은 약육강식의 현장이다. 거친 현실에서 비상식적인 상황과 마주할 수밖에 없다. 이런 상황에서 존엄성을 유지하는 길은 온갖 업의 습기(習氣)에 물들지 않는 노력에 있다. 깨끗하지 않은 습기가 가득한 환경에서 생계 활동을 지속하면, 사회의 탁한 흐름에 휘말릴 수밖에 없다.

따라서 굳어지기 쉬운 습기를 제거하는 집중수행이 필요하다.

수행을 전문적으로 할 수 없는 일반인은 간헐적 집중수행을 통해 업을 청정히 하고 수행력을 높이는 시간을 가져야겠다. 이때 정정진(正精進), 정념(正念), 그리고 정정(正定)의 집중수행을 한다. 자신의 성향에 맞는 특별한 수행처에서 자신의 삶을 오롯이 성찰하는 시간을 가지면, 본원의 생명력을 회복할 수 있다.

집중수행의 기간은 개인의 상황에 따라 알맞게 정하면 된다.

직장인이라면, 주말을 이용한 주기적인 집중수행으로 활력을 되찾을 수 있다. 사업자는 여유가 있는 날을 집중수행일로 정해두고, 상황에 맞게 일정을 짜면 된다. 경제적 여유가 있는 경우에는, 전원 지역에 수행공간을 마련해두고 도농융합형 생활을 누리면서 수행하면 최상이다.

팔정도는 보살행으로 최종 완성된다.

팔정도의 삶이 사회로 확대되어 생명공동체를 이루면, 현실 차원의 화엄 세계는 이루어진다. 일상에서 팔정도의 실천이 바로 보살행이다. 보살행을 지속하면, 시나브로 우리의 삶은 진리의 삶으로 전환된다. 도리에 맞게 산 사람은 죽음에 이르러서도 숭고하고 존엄하다.

삶의 존엄성은 직업의 귀천, 지위의 고하 등과 관계가 없다.

다만 평생 부, 권력, 명예 등을 추구한 사람일수록, 기력이 떨어지면 존엄성이 급속도로 하락할 가능성이 크다. 지위가 높고 자의식이 강한 사람은 일방적으로 소통하는 경우가 많다. 어떤 경우든 팔정도의 수행을 통해 자의식을 조화롭게 소통할 때, 생명의 존엄성은 회복된다.

한편 한 인간의 임종과 장례를 보면, 그 사람의 존엄성을 느낄 수 있다.

대부분 상갓집에 가면 슬픔의 눈물이 가득하다. 망자를 애도하는 마음도 크지만, 고인의 죽음 속에 투영된 자신의 삶이 더욱 애달프게 느껴지기 때문이다. 팔정도의 도리에 맞게 산 사람의 임종은 슬프지 않다. 임종을 맞이하는 가족도 슬픔보다는 존경심이 더 크게 우러나오게 된다.

죽음학의 측면에서 보면, 죽음은 새로운 삶의 시작이다.

우리에게는 영원한 삶이 있을 뿐이다. 따라서 임종 시에 슬픔의 울음소리보다는 존경의 마음이나 바른 도리를 일깨우는 추도사가 고인을 편안하게 한다. 슬픔은 영혼의 새 여정을 힘들게 한다. 슬픔은 업의 습기를 더욱 가중할 뿐이다.

경건한 마음가짐을 갖도록 하자.

고인과 남겨진 사람들을 위해 애도의 예식보다는 존엄한 삶의 의욕을 북돋우는 말씀이 바람직하다. 수행자라면, 임종 전에 미리 가족이나 주변 사람들을 위한 글을 남겨두는 것이 가장 바람직하다. 깨달음을 각성시키는 말씀을 함께 낭독하면 가장 좋다.

고인을 위한 최고의 보상은 남겨진 사람들이 도리에 맞게 잘 사는 일이다.

따라서 고인의 새로운 출발에 장애가 되는 슬픈 마음을 버리고, 각자 삶의 각오를 다지는 방향으로 장례문화를 개선하자. 존엄하게 죽기 위해서는 존엄하게 살아야 한다. 일상에서 존엄성을 지키는 방법으로 심신의 모든 행위에 앞서 "도리에 맞는가?"를 화두로 추천하고 싶다.

한편 건강은 존엄한 삶의 기본요건이다.

건강을 잃으면, 생명력이 급격히 떨어진다. 생명의 활기가 없는 존엄성은 죽은 나무와 같다. 이 점에서, 나는 건강을 수행의 핵심 기준으로 본다. 특별한 사고나 유전적 요인이 아니라면, 수행을 제대로 한 사람은 건강하다.

건강하지 못한 사람은 수행과정에서 뭔가 균형을 상실했다고 볼 수 있다. 육체와 정신 중에서 어느 한쪽이라도 균형을 잃으면, 수행을 성공적으로 완성할 수 없다. 일상에서 육체와 정신이 조화를 이루도록 끊임없이 노력해야겠다. 일생을 도리에 맞게 산다면, 건강한 죽음을 맞이할 수 있다.

수행자가 완전한 깨달음에 이르는 길은 너무 멀고 힘든 과정이다.

아무리 마음을 굳게 먹고 바른 도리의 삶을 살려고 해도, 요동치는 현실에 직면하면 평정을 유지하기 힘들다. 따라서 변화의 흐름을 타야 한다. 시대의 변화에 따라 불도를 닦는 방법과 내용은 큰 변화가 있었다. 시대의 흐름에 맞게 직면한 현실의 경계를 소통하는 삶이 연기적 수행이다.

이제는 AI 시대의 변화에 맞는 수행체계가 필요하다.

모든 정보가 연결되는 시대의 흐름에 따라, 전체 수행의 도리를 하나로 융합할 수 있는 보편 도리를 마련하는 일이 시급하다. 팔정도의 도리로 모든 종교사상을 통섭하는 수행 시스템을 만든 연후에, 맞춤형 수행법을 개인의 변화에 맞게 적용한 프로그램을 제공하면 된다.

오프라인의 소규모 수행공간과 온라인의 대규모 수행콘텐츠 보급을 통해 수행문화를 빠르게 정착시킬 수 있다. AI를 바르게 활용하면 충분히 가능하다. 위험한 상황일수록 그에 대처하는 태도와 방식이 도리에 맞으면, 더 큰 성공을 거두는 법이다.

수행도 마찬가지다. 역경이 클수록 깨달음의 계기도 더 강해진다. 깨달음 속에서 진정한 존엄성을 회복할 수 있다.

수행의 원리를 활용한
건강혁명

제3부. 수행의 원리를 활용한 건강혁명

새로운 시대에 살아남기 위해서 종교뿐만 아니라, 우리가 모두 혁신해야 한다. 혁신의 가장 기본적인 동력은 건강문화다. 건강한 삶의 혁명을 통해 우리 자신을 포함한 공동체 사회에 새로운 생명의 기운을 불어넣을 필요가 있다.

깨달음을 지향하는 수행은 건강한 심신으로 이루어지는 건전한 삶에서 완성된다. 몸, 마음, 그리고 삶이 모든 면에서 도리에 맞으면, 건강은 오래 유지될 수 있다. 바른 도리를 추구하는 점에서, 수행은 건강한 삶을 위한 최고의 방법이다.

생동하는 생명력을 잃을 때, 인간은 AI의 노예가 될 가능성이 크다.

AI에게 인간의 정신과 육체를 모두 맡긴다면 영생을 누릴 수 있을까? 앞서 살펴보았듯이, AI를 활용해서 과학기술이 발전해도 생명은 한계가 있다. 몸의 장기와 뇌 신경을 교체할 수 있어도, 물질적 차원의 생명은 언젠가 사멸하게 되어있다. 육체가 무너지면, 의식도 사라질 수밖에 없다.

존재하는 모든 것은 성주괴공(成住壞空)의 섭리를 벗어날 수 없다.

만약 영생할 수 있다 해도, 기계화된 존재로서 인간은 생명의 역동성이 없다. 또한, 물질적 효율을 높이더라도, 엔트로피의 법칙에서 벗어날 수 없다. 첨단의 방법은 더욱 대처하기 힘든 무질서를 양산할 수밖에 없기 때문이다. 이런 과정의 결말은 인류의 공멸이다.

한편 인간에게는 육체적 생명 이외에 영적인 생명이 존재한다.

영성이 없는 인간은 완전한 삶의 존엄성을 느낄 수 없다. 따라서 진정한 건강은 삶의 주권을 스스로 회복하는 데 있다. 자신의 삶을 자율적으로 설계하고 영위하는 사람이 진실로 건강한 사람이다.

수행은 생명 순환의 원리에 근간하고 있다.

생명은 영원한 변화의 흐름 속에 있다. 생명 변화의 이치를 삶 속에 구현하는 사람은, 비록 짧은 인생이라도, 영원성의 흐름을 타고 있다. 그러나 아무리 오래 살아도 생명의 도리를 모른다면, 그 삶은 찰나에 불과한 인생일 뿐이다.

제3부는 앞에서 살펴본 수행의 원리와 방법을 일상의 건강 차원에서 재해석한 내용이다.

수행의 원리와 방법으로 최적의 상태를 이루는 건강한 심신은 과학의 차원을 넘어 영원성을 담는 그릇이 될 수 있다. 더불어 근원적 소통의 지혜를 배울 수 있는 수행의 도리를 정치, 경제, 문화 등 다른 모든 영역에 적용하면, 인류사회는 AI의 오남용에서 완전히 벗어날 수 있다.

AI 시대에 수행을 통한 건강혁명은 생활혁명을 이끄는 강력한 수단이 될 것이다.

01. 건강한 삶의 바른 의미

건강하게 살고 싶은 욕구는 모든 인간에게 공통적인 현상이다.

하지만 건강한 삶을 유지하는 방식은 천차만별로 차이가 있다. 개인마다 성향과 체질에서 차이가 있고, 더욱이 생애주기별로 심신의 변화 현상이 각자 다르기 때문이다. 나는 수행을 연구하면서 수행의 원리가 건강의 원리와 상통한다는 사실을 깨닫고, 수행의 원리를 건강에 적용한 심신균형 프로그램을 한국체육대학교에서 실험해보았다.

그때의 경험을 바탕으로 쓴 책이 《인문학으로 풀어 쓴 건강》이다. 이 책은 몸과 마음 그리고 삶의 지혜로서 균형을 잡는 방법에 중점을 두고 있다. 건강은 몸과 마음 그리고 삶의 상태를 종합적으로 고찰해서 평가할 수 있다.

몸은 건강의 기초를 이룬다.

생명과학의 발전으로 몸 건강은 빠르게 개선되고 있다. 하지만 마음의 건강은 의료분야의 여건 개선에도 불구하고 여전히 해결되지 않고 있다. 오히려 과학기술의 발전에 반비례해서 마음의 건강은 더욱 악화하고 있다.

얼마 전 한 선배가 내 책에 관한 질문을 했다. 아마도 그 선배는 내가 15년이 넘는 시간 동안 수행이라는 한 가지 문제에 천착한 일이 무슨 의미가 있는지를 묻고 싶었던 것 같다. 나는 허깨비 같은 삶에서 벗어나기 위해 수행한다고 말했다.

수행을 연구하면서 나는 헛된 삶을 산 이유를 철저하게 깨달았다.

가장 근원적인 원인은 어리석은 마음이었다. 내 삶이 괴로운 이유는 허망한 목표를 허망한 방법으로 추구했기 때문이다. 내가 예전에 쌓은 기존의 학문은 진공상태와 같은 관념의 성(城)에서 이루어진 성과에 지나지 않았다. 따라서 그것은 건강한 삶과는 거리가 멀었다.

상대성의 법칙에서 벗어날 수 없는 욕망이 가득하면, 삶은 건강할 수 없다.

우리 사회가 건강하지 못한 이유는 총체적인 생명의식이 없는 상태에서 물질적이거나 관념적인 허상을 두고 서로 다투기 때문이다. 생명을 다루는 분야에서도, 생명의 존엄성보다는 경제적 가치를 우선에 두고 사업이 이루어지고 있다.

예를 들어, 건강 관련 사업도 대부분 일시적이거나 부분적인 효과에 중점을 둔 상업적인 측면이 통합적 건강의 본질을 압도하고 있다. 우리는 모두 경제적인 삶을 원하지만, 실제로는 스스로 생명의 본질을 훼손하는 가장 비경제적인 삶을 살고 있다.

추구하는 목표와 방법이 그릇되면, 결과도 허망할 수밖에 없다.

그나마 과거에는 사회의 변화가 느렸기 때문에, 허망한 것들을 붙들고 사는 데에 의미를 부여할 수 있었다. 그러나 지금은 상황이 완전히 다르다. AI의 발전으로 물질적 가치가 너무 빠르게 변하고 있다. 새로운 기술과 이론이 급속도로 쏟아져 나오는 상황에서 마음의 중심을 잡지 못하면, 삶은 혼란스러울 수밖에 없다.

생명의 본질을 중심으로 경제 이론을 비롯한 모든 학문을 재정립할 때가 왔다. 이 점에서, 수행의 원리와 방법이 중요하다.

일체의 경계에 매임이 없는 완전한 깨달음을 추구하는 수행을 통해서만이 건강한 삶을 온전히 누릴 수 있다. 바른 깨달음이 없는 상태에서 느끼는 건강은 일시적일 뿐이다. 특히 육체적 건강은 언제든 사라질 수 있는 허깨비와 같은 현상에 불과하다.

수행은 관념적인 종교사상도, 물질 중심의 과학기술도 아니다.

수행은 일체의 경계를 떠나 대자유를 지향하는 삶 자체다. 따라서 수행은 영원한 생명을 추구하는 끊임없는 자기혁신의 과정이다. 우리의 삶은 복잡한 생명 관계의 모순 속에 있지만, 그 모순을 의식의 각성을 일으키는 계기로 삼아야겠다.

한편, 건강한 사람도 육신의 노화는 어쩔 수 없다. 그러나 노자와 맹자가 설파했듯이, 군자의 도량을 지닌 사람은 갓난아기와 같은 마음을 유지할 수 있다. 건강한 노인의 마음은 청춘과 다르지 않다. 오히려 나태한 젊은이보다 부지런한 노인의 마음이 더 활기 넘칠 수 있다.

현대물리학이 밝혔듯이, 물질의 근본은 의식정보다.

우리의 육신은 사라져도, 마음의 의식은 영원히 사라지지 않는다. 건강한 의식은 영원히 그에 맞는 건강한 육신을 형성하는 법이다. 팔정도의 도리를 늘 성찰하고 일상에서 실천하는 삶이 건강을 이루는 데 가장 중요하다.

특히 문명의 대전환기에는 공동체의 심리 관리가 중요하다.

세상이 아무리 빠르게 변해도, 건강한 마음들이 하나로 모여 중심을 잡으면 시대의 변화를 역이용해서 사회를 바로 잡을 수 있다. 이 점에서, 나는 변화의 흐름에 맞게 건강을 새롭게 정립할 필요성을 느끼고, 수행과 건강을 하나로 융합해서 여러 영역에 적용하고 있다.

무엇보다 나는 건강한 삶을 체득할 수 있는 수행의 시스템과 체계를 단계별로 재설계하고 있다. 내가 건강을 수행의 중심과제로 삼은 것은 건강이 종교나 문화를 초월한 인간사의 공통분모이기 때문이다. 건강문화를 통해 세상을 하나로 소통하는 길이 가장 안전하다.

수행과 관련한 다양한 활동을 통해 내 가족과 내 주변 사람들이 건강하길 바란다. 더 나아가 건강한 생명의 파장이 확대되어 온 인류가 건강해지길 소망한다.

02. 건강 자립

평균수명이 증가함에 따라 건강 관련 산업의 규모도 빠른 속도로 커지고 있다. 하지만 역설적으로 그 규모가 확대될수록 사람들의 건강에 대한 인식은 더욱 왜곡될 가능성도 높아진다.

예를 들어, 어떤 기업이 신약을 개발하면 무차별적인 과장 광고를 통해 이윤을 극대화하는 데 초점을 집중한다. 그 약의 부작용은 거의 보이지 않을 정도로 축소되는 경우가 대부분이다. 우리는 얼마 전 코로나 팬더믹 당시 백신의 필요성 못지않게, 그 부작용도 실감했다.

약뿐만 아니라 의료 행위도 천차만별의 효과와 더불어 피해를 줄 수 있다. 의료 행위 대부분은 대증요법에 근간하고 있다. 이 때문에 해당 부위에는 효과를 거둘 수 있지만, 나머지 부분에는 오히려 악영향을 미칠 수 있다.

심신의 균형상태는 상황에 따라 사람마다 독특하게 작용한다.

의료뿐만 아니라 일상적인 몸 관리에도 이러한 원리는 적용된다. 몸에 대한 이해가 부족하면, 육체적 활동이 오히려 건강을 해칠 수도 있다. 예를 들어, 체력이 약한 사람이 갑자기 지나친 육체 활동을 하면, 오히려 비정상적인 생리적 반응으로 면역력 저하를 일으킨다. 그 결과, 여러 가지 질병에 취약해질 수 있다.

건강은 인생살이처럼 상대적인 균형을 잘 관리하는 데 있다.

사람마다 특수한 인생의 인연이 있듯이, 개인의 생명력에 맞는 심신의 균형점은 다르다. 건강은 복합적인 요소들이 자아내는 유기적 관계를 균형 있게 조율한 결과다. 따라서 몸과 마음을 총체적으로 관리하고 전체적인 균형을 잡을 때, 건강은 오래 유지된다.

인생의 항로가 다르듯이, 건강을 이루는 방법도 개인마다 차이가 심하다.

자신의 인연 상황에 맞는 건강법을 찾는 것이 현명하다. 그러므로 먼저 자신의 체질과 성향을 파악한다. 자신의 심리적, 생리적 행위를 관찰하는 일은 수행과 건강 모두에 필수적이다. 생명 현상의 흐름 속에서 본질적 생명력을 추구하는 점에서, 건강 관리와 수행은 일치한다.

특별한 유전적 요인이 아니라면, 평소에 자신을 잘 살피고 관리하는 사람은 건강하다. 대부분 질병이나 사고는 부주의나 나태, 아니면 반대로 지나친 집중이나 탐닉으로 인해 생긴다. 한마디로 균형적 사고가 무너진 결과다.

건강의 기본 토대는 삶이다.

어떤 삶을 사느냐가 건강을 결정한다. 몸과 마음과 삶이 포괄적으로 건전할 때, 건강한 인생을 영위할 수 있다. 도리에 맞지 않게 사는 사람이 누리는 건강은 일시적인 향락에 불과하다. 이 점에서, 인생관은 건강과 직결된다. 세상을 보는 눈이 원만하고 대인관계가 부드러운 사람은 심리와 생리의 흐름이 거칠지 않다. 기운을 쓸데없는 곳에 낭비할 일이 없으므로, 그만큼 생명력을 오래 보전할 수 있다.

한편, 삶의 주권은 자기 자신에게 있다.

그래서 공자는 이립(而立)을 인생의 기초로 삼았다. 미국의 공자라 불리는 에머슨도 같은 의미에서 자립(Self-Reliance)을 주장했다. 자립정신이 건강한 삶을 이루는 기본 정신이다. 아마도 자기 인생을 남에게 맡기는 사람은 없을 것이다.

만약 삶의 모든 정보가 AI에 의해 관리된다면, 삶의 주권은 AI에게 넘어갈 수도 있다.

생명과학에 접목된 AI의 도움으로 아무리 오래 살아도, 자신의 주관이 배제된 삶이라면 건강한 인생이라고 볼 수 없다. AI가 제공하는 편안한 시스템에만 인간이 의지하면, 생명력의 바탕이 되는 인간의 자발적 의지는 약화하게 된다. 자립정신이 없는 삶은 알게 모르게 인간을 노예의 상태로 만들 수 있다.

건강 자립은 인생 자립의 가장 중요한 토대다.

자기 자신이 건강을 관리하는 주체가 될 때, 진정으로 행복한 삶을 누릴 수 있다. 의사, 약사 등과 같은 의료 전문가는 보조적인 역할을 통해 건강 관리를 돕는 것이 바람직하다. 물론 유전적 요인이나 사고 등으로 질병이나 장애가 있는 사람은 평소 자신에게 맞는 전문의와 정기적인 소통이 필요하다.

어떤 경우에도, 자기 자신이 건강 주권을 갖는 노력을 해야 한다.

남의 표준을 따라 사는 사람은 자신의 독특한 생명력을 망각하게 된다. 의사 또한 이 점에서 예외가 아니다. AI가 제시하는 의료정보에만 의탁하는 의사는 생명작용에 대한 통찰력이 부족해진다. 의사와 환자 모두 생명을 깊이 이해하고 바라보는 심안(心眼)을 지닐 때, 진솔하게 건강에 관해 서로 대화할 수 있다.

의료사고가 빈번한 근본 원인은 생명의식이 부족하기 때문이다.

이 점에서, 스스로 건강을 주체적으로 관리하는 능력을 지닌 사람은 존엄하게 사는 기본요건을 갖추고 있는 셈이다. 웰다잉(Well-dying) 측면에서도, 건강 자립은 생사를 하나로 연결하는 중요한 매개역할을 한다.

실제로 평소 생활습관이 건전하고 건강한 활동을 지속한 노인은 특별한 일이 없는 한 죽음에 이르러서도 편안하게 눈을 감는 사례가 많다. 평생 생명의 도리에 맞지 않은 삶을 산 사람은 죽음의 고통이 그만큼 크다.

연명치료를 한다고, 고통이 줄어들지는 않는다.

요즘 무의미한 연명치료를 거부하는 제도가 있기는 하지만, 그것이 존엄사를 보장하지는 않는다. 죽음의 인과는 삶에 있다. 따라서 존엄한 삶을 살 때, 존엄하게 죽을 수 있다. 어떤 인생을 살 것인지는 본인 스스로 선택하듯이, 임종의 선택도 자신의 의지와 지혜에 달려 있다.

새로운 문명사회를 대비하는 가장 원초적인 노력은 건강에 대한 바른 인식전환이다. 수행의 근간은 건강한 몸과 마음 그리고 삶이다. 수행의 원리와 방법을 이해하고 일상에서 실천하면, 심신의 독소를 제거하고 건강한 삶을 지속할 수 있다.

수행이 완성된 사람은 건강의 자립을 이룬 사람이기도 하다.

수행의 최고의 목표인 '자재(自在)'는 모든 생명 활동의 상호작용 속에서 걸림 없는 자유를 누리는 상태다. 대자유는 심신의 모든 행위에 있어서 도리에 어긋남이 없는 상태다. 수행에 투자하는 일이 생명 존재의 측면에서 가장 경제적이고 존엄한 행위라고 할 수 있다.

개인의 건강 자립은 크게 보면 사회의 건전성을 높이게 된다.

공동체 내에서 서로 도리에 맞게 자신의 생명력을 구현하면, 상대방과 다툴 일을 근원적으로 예방할 수 있다. 사회제도를 뜯어고치는 일은 힘들지만, 건강 자립을 위한 수행 시스템을 만드는 것은 어려운 일이 아니다.

03. 나만의 수행공간을 만들자

인간의 운명을 결정하는 세 가지 요소는 천지인(天地人), 즉 시간과 공간과 사람이다. 3대 요소는 건강한 삶을 이루는 데도 적용된다.

시간은 우리가 어찌할 수 없는 요소다. 우리가 선택할 수 있는 다른 요소는 공간과 사람이다. 묘하게도 같은 환경 속에서 활동하는 사람들 사이에는 생활방식이 비슷해지는 동조(同調) 현상이 발생한다. 여기에 삶의 목적이 비슷한 사람들이 같은 공간에 모이면, 시간의 변화흐름도 하나로 수렴한다.

보통 사람들은 환경적 영향에서 벗어나기 힘들다. 깨달음의 자유를 얻기 전에는, 공간이 인간에게 미치는 영향은 거의 절대적이다. 공간에 중점을 두고 수행과 건강을 성찰해보자.

지금 전 지구적인 환경재앙에는 거시적인 차원에서 지구기후의 변화 주기에도 원인이 있겠지만, 무엇보다 자연공간의 생태적 흐름을 파괴하고 무분별하게 도시 문명을 개발한 인류에게 직접적인 원인이 있다. 도시 문명의 부분적 효율이 전체 사회의 생태적 소통과 조화를 깨뜨렸다.

우리 사회의 갈등과 분쟁도 이러한 관점에서 조망할 수 있다.

농촌의 붕괴와 도시화의 급속한 진행은 전통적인 인간관계를 무너뜨리고, 삶의 독소를 해소할 수 있는 자연공간을 오염시켰다. 더불어 산업과 금융자본으로 촉발된 사회의 양극화가 사회의 모든 영역에 파고들어 세대 간, 계층 간 생태적 소통을 막고 갈등을 심화시키고 있다.

우리 시대의 문제를 근본적으로 해결하기 위해서는, 수행의 관점에서 공간의 생태적 정화가 필요하다.

도시의 정화가 가장 중요하지만, 여기에는 너무 큰 비용과 시간이 걸린다. 도시 문제의 근원은 농촌에 있다. 따라서 농촌의 전원을 수행공간으로 활용함으로써, 역으로 도시의 공간을 비우고 생태 공간을 확보할 수 있다.

수행문화를 중심에 두고 공간을 재해석하고, 재배치할 수 있다.

공간은 인간에게 생애주기에 따라 다른 의미가 있다. 인생의 어떤 시기이든지 자신만의 수행공간을 마련하는 것은 AI 시대를 살아가는 필수적인 요소다. AI에 의해 지배되지 않는 삶은 자율적인 수행체계를 갖추는 데 있기 때문이다.

도시와 농촌을 하나로 연결하고, 생태적인 수행공간을 확보하는 일은 먼 곳에 있지 않다. 엄청난 부를 가진 자만이 생태적 환경을 누릴 수 있는 것은 아니다. 물질과 정신, 인간과 자연을 통합해서 볼 수 있는 생태적 시각이 없다면, 아무리 잘 꾸며진 환경도 그저 언젠가는 흩어질 대상에 불과하다.

세상을 소유하는 진정한 능력은 세상을 바르게 보는 식견에 있다.

재산이 많이 있어도 제대로 쓸 수 있는 능력이 없다면, 오히려 그 재산이 자신의 생명을 단축하는 촉매제가 될 수 있다. 바른 세계관은 생명 현상을 바르게 이해하고, 나아가 물질의 한계를 넘어 모든 생명과 하나가 되는 생태적 삶을 실천하는 수행을 통해 체득된다.

그러므로 자신만의 수행공간을 확보하는 일은 중대한 문제다.

인생을 크게 보면, 자립의 기초를 다지는 초반기, 사회활동을 왕성하게 하는 중반기, 그리고 일선에서 물러나 삶을 관조하고 정리하는 후반기로 나눌 수 있다. 인생의 단계마다 수행은 필요하고, 수행공간의 의미는 다르다.

교육이 중점을 이루는 인생 초반기에는 다소 엄격한 규율과 훈련을 통해 도덕적 기초를 다지는 공간이 적당하다. 사회의 변화에 능동적으로 대처해야 하는 인생 중반기에는 한편에서는 심신의 활력을 재충전하고, 다른 한편에서는 물질적 유혹을 제어하는 수행공간이 적합하다.

인생의 후반기에는 육체적 쾌락에서 벗어나서, 인생의 본질적 의미를 성찰하는 정신수양에 중점을 둔 공간이 바람직하다. AI 문명 시대에는 특히 인생 후반기의 삶이 중요해진다. 이 점에서, 노년기에 수행은 더욱 의미가 크다. 노년기에는 수행을 통해 인생의 격랑을 극복하고 얻은 지혜를 더욱 성숙시킬 수 있다.

수행공간의 핵심은 생태적 소통이다.

우리는 예로부터 생태적 환경을 중시했다. 그 관념이 바로 풍수(風水)다. 풍수는 생명작용을 원활하게 하는 바람과 물의 흐름을 보는 일이다. 풍수는 단순히 바람과 물의 차원을 넘어, 생명의 흐름을 말한다.

생명의 흐름이 좋다는 것은 사람마다 다른 의미가 있다.

각자 몸과 마음과 삶의 인과가 다르므로, 개인에게 맞는 공간도 다르기 마련이다. 따라서 공간을 선택하고, 환경을 조성하는 기준은 바로 자기 자신이다. 특별한 곳보다는 자신에게 맞는 공간이 좋다. 생태적 흐름이 자신의 생명력을 활성화하는지가 관건이다.

이 점에서, 자신의 체질, 성향, 환경 등에 맞는 토굴(土窟)을 마련하는 것이 중요하다.

여기서 토굴은 흙이나 바위 속의 수행공간이 아니라, 현대적 의미로

선환된 자신만의 생태적 수행공간을 의미한다. 따라서 요즘에 역술가들이 말하는 풍수 좋은 공간과 여기서 말하는 생태적 토굴은 다르다. 수행은 나와 관련 맺고 있는 전체 생태계의 변화 관점에서 조화를 추구한다.

수행공간으로서 토굴은 생태 환경뿐만 아니라, 수행 정신을 언제든 통섭할 수 있는 풍토를 전제로 한다.

이 점에서, 전국의 대표적인 수행처 중에서 각자 자신의 성향에 맞는 곳 주변에 토굴을 마련하는 것도 하나의 방법이 될 수 있다. 여기서 더 나아가 각자의 수행공간이 수행 네트워크로 연결되어. 언제든 다양한 수행을 체험하고 자신을 성찰할 수 있으면 최상이다.

한편, 앞서 누누이 강조했듯이, 수행을 신비적인 능력을 얻는 수단으로 착각하면 진리에서 멀어진다. 이 점에서, 점, 역술, 풍수 등을 경계하자. 그 대부분은 생명의 흐름보다는, 지나치게 물질적인 득실로 공간을 해석하고 있다. 이런 관점은 사람들을 현혹하고, 풍속을 어지럽히는 경향이 많다.

우리가 사는 진정한 목적은 밝은 지혜를 함양해서, 의식을 깨우는데 있다. 운명이 정해져 있다면, 삶의 의미도 문명의 발전도 없게 된다. 오히려 안 좋은 환경이 인간을 각성시킨다. 적당히 힘든 환경에서 커다란 문명을 이루는 법이다.

좋고 나쁨은 상대적이므로, 자신의 의지와 지혜로 공간을 좋은 방향으로 바꿀 수 있다. 예를 들어, 작은 골방도 첨단과학을 활용해서 좋은 토굴로 변화시킬 수 있다. 심지어 복잡한 지하철 안도 자신만의 토굴로 전환될 수 있다.

결국, 수행공간의 핵심은 공간을 해석하고 활용하는 자신의 바른 식견에 달려있다.

04. 생체리듬 관리와 융합창의력 배양

계절에 따라 꽃이나 과일이 개화하는 시기는 다르다.

물론 인공적인 환경에서 그 시기를 조절할 수는 있다. 그러나 눈, 비, 바람 등의 모진 시련을 견디고 노지(露地)에서 결실을 거둔 꽃과 과일에는, 하우스 농작물에서 느낄 수 없는 뭔가 독특한 생명력이 깃들어 있다. 변화의 담금질로 강화된 자연의 원초적 생기(生氣)를 담고 있기 때문이다.

이것은 인간교육에도 해당한다.

공장에서 벽돌을 찍어내듯 만들어낸 인재는 독특한 생명력이 부족하다. 또한, 온실 속에서 자란 아이들은 환경의 변화에 적응하는 힘도 미약하다. 도시적인 환경과 시스템에서 편안하게 자란 아이들은 고난에 대응하는 힘이 약할 수밖에 없다.

선행학습으로 이루어진 인재교육은 생명력이 부족하다.

어린 나이에 자신의 재능이 맞지 않은 분야에서 지나치게 생명력을 소진할 경우, 나중에 건강뿐만 아니라 사회적 활력도 떨어질 수 있다. 물론 특별히 자신의 재능이 이러한 교육에서 더욱 빛을 발하는 예외적인 경우도 있다.

그러나 패턴화된 교육환경에서 새로운 창조력이 나오기 힘들다.

미국의 경우를 보면, 제도권의 교육을 버리고 자신만의 영역에서 세계적인 IT 기업을 일군 천재들이 적지 않다. 개인의 역량을 마음껏 발휘할 수 있는 교육환경과 더불어 아이들의 미래를 스스로 개척할 수 있도록 하는 사회 분위기가 저변에 있기 때문이다.

생태적 관점에서 교육을 바라볼 때가 왔다.

인간에게 주어진 생명력은 무한하지 않다. 창의력을 깊고, 넓고, 높게, 그리고 오래 발휘하려면, 생명 리듬을 자신에게 맞게 스스로 관리하는 법을 익혀야 한다. 하지만 불행히도 우리 사회에서 개인의 독특한 생기를 배려한 생태적 교육 시스템은 찾기 힘들다.

AI의 등장으로 구시대의 교육법은 사실상 거의 쓸모가 없어졌다.

그러나 아직도 구시대적 입시교육의 열기가 뜨겁고, 조기학습에 대한 지나친 강박관념과 과도한 성적 평가로 인해 아이들의 건강은 위협받고 있다. 이러한 병리 현상은 가정을 넘어 사회의 건강과 행복에도 나쁜 영향을 끼친다.

건강하고 행복한 삶을 위해서는, 생체리듬 측면에서, 학습 활동과 휴식의 균형을 고려한 교육 과정이 필요하다. 이 점에서, 심신 통합적 교육 과정을 본격적으로 개발할 때다. 모든 학문 영역의 학제간 연구 성과와 수행의 원리를 융합해서 교육의 내용과 방법에 적용하면 좋은 결과를 얻을 수 있다.

공자는 음양(陰陽)이 번갈아 도는 것이 대자연의 이치라고 보았다. 이 이치를 생체리듬에 적용하면, 양(陽)의 활동과 음(陰)의 휴식이 균형을 이룰 때, 인간의 생명력은 크게 약동할 수 있다.

생명작용의 이치는 학습 활동에도 해당한다.

학습을 통해 받아들인 정보는 휴식하는 과정에서 통합 정리된다. 휴식이 학습 못지않게 창의력 함양에 중요하지만, 안타깝게도 우리는 대부분 제대로 쉬는 방법을 모르고 있다. 오히려 잘못된 휴식으로 피로감을 가중하는 경우가 태반이다.

활동과 휴식에서 동정(動靜)의 순환적 리듬의 균형을 이룰 때, 창의력은 크게 생동한다.

서양의 학문은 쌓아가는 방식으로 물질적 창의력을 끌어낸다면, 동양의 도학(道學)은 비우는 방식으로 인간의 무한한 잠재능력을 끌어낸다. 서양의 방식이 새로운 이론을 정밀하게 만들어가는 데 도움이 된다면, 동양의 방식은 무의식의 개발을 통해 이론 저편의 세계

275

를 여는 통찰력을 제공한다.

AI 시대에는 두 가지 상반된 방식이 모두 필요하다.

다만 물질 중심의 입자 세상에서 의식 중심의 파동 세상으로 전환하는 과정에서, 상대적으로 동양의 수행문화가 갈수록 중요해지고 있다. 이 점에서, AI 문명사회는 직관의 잠재능력이 높은 우리에게 유리하게 작용할 수 있다.

잠재의식 개발은 일체의 분별의식을 내려놓는 진정한 휴식에 있다.

단순히 잠을 자거나 몸을 쉬는 것만이 휴식은 아니다. 가장 적극적인 휴식의 방법은 수행이다. 제대로 쉬는 능력은 수행을 통해 가장 효과적으로 높일 수 있다. '무아(無我)의 쉼'에는 다양한 형태와 방식이 존재한다.

전문적인 수행뿐만 아니라 일상의 삶 속에서, 지관, 집중과 이완 등의 수행방법을 통해 생체리듬을 최적의 상태로 조율할 수 있다. 때로는 수행의 원리를 이용한 예술, 체육, 문화 활동을 통해서 심신을 안정시킬 수도 있다. 심신이 고요해지면, 잠재의식은 크게 약동한다. 의식정보가 충분히 발효될 때, 창의력은 자연히 우러나온다.

앞으로 국가의 운명은 창의력 개발교육에 달려있다.

AI의 기술 개발에서 크게 뒤처졌다고 한탄만 하지 말고, 수행문화에 근간한 생명 중심의 교육방식을 통해 서양과학의 한계를 뛰어넘는 융합창의력을 배양할 수 있는 환경을 시급히 조성하자.

한편 사람마다 성향이 다르므로, 개인의 다양한 창의력이 다양한 분야에서, 적절한 시기에, 꽃 피울 수 있도록 인재교육을 유기적으로 설계해야겠다. 지금처럼 개인의 생명주기를 고려하지 않을 뿐만 아니라, 특정한 분야에 인재가 쏠린다면, 사회의 건전한 발전을 기대하기 힘들다.

물론 시급한 분야에서 단기적인 집중적 투자도 중요하다.

이 점에서, 단기와 장기 양면에서 개인의 생체리듬에 맞게 교육, 학습, 연구개발 등의 완급 조율이 필요하다. 어느 쪽이든 건강이란 측면에서, 몸과 마음 그리고 삶의 관리가 긴요하다. 몸과 마음과 삶이 총체적으로 균형을 잡을 때, 생체리듬은 최적의 상태를 이루기 때문이다.

심신을 통합한 생활 관리는 기업의 인재 경영에서도 중요하다.

앞으로 기업의 보안 관리에서, 임직원의 생활 관리는 필수적인 요소가 될 수밖에 없다. 생활이 바르지 않거나, 안정되지 않은 사람들이 많을수록 보안의 사각지대는 커지기 마련이다. 그러므로 보편적 윤리와 도덕에 입각한 수행문화가 기업문화로 정착할 때, AI로 인해 파생될 수 있는 위험을 근본적으로 예방하고, 기업과 사회의 안전한 발전은 보장될 수 있다.

여기서 더 나아가, 우리가 보편적 도리로 의식을 확장할 때, 4차 산업혁명을 넘어 5차 산업혁명의 주역이 되는 터전을 마련하게 된다. 의식이 새로운 산업을 주도하는 시대가 도래하고 있다. 이 점에서, 앞으로 모든 영역에서 수행은 선택이 아닌 필수다.

진정으로 나의 분별심을 내려놓고 우주의 기운과 하나가 되는 물아(物我) 혼연일체의 상태를 이룰 때, 물리적 한계를 초극하는 무아의 융합창의력을 발휘할 수 있다. 첨단과학기술 분야에서는 특히 독창적인 창의력이 필요하다. 더불어 그 창의력이 생명공동체의 소통에 이바지할 때, 인류사회는 평화를 유지하며 발전할 수 있다.

조화를 유지하며 생명력을 확장하는 능력은 끊임없는 자기혁신을 요구하는 수행을 통해 배양될 수밖에 없다. 인구감소와 노인 인구의 증가로 인한 생산력 저하를 극복하는 방법도 수행문화를 통한 심신의 능력을 균형 있게 개발하는 데 달려있다.

05. 마음과 건강의 관계

건강의 핵심은 마음에 있다.

마음에는 두 가지 측면이 있다. 본심, 본성 등으로 불리는 근원적인 마음과 느낌, 감성, 분별, 이성 등으로 불리는 현상적인 마음이 있다. 마음의 양면성에 대한 이해가 건강한 삶을 사는 초석이 된다. 동양에서는 이미 수천 년 전에 마음이 건강의 핵심이라는 사실을 알고 치료에 활용해왔다.

심신의학이 발전하면서, 서양의학도 마음이 건강에 가장 중요한 요소라는 사실을 과학적으로 입증하고 있다. 하지만 물리적 경계 속에서 무한한 우주를 탐색하는 것처럼, 과학이론은 마음을 연구하는 데 큰 한계에 직면해 있다. 이 점에서, 수행 차원의 마음 성찰이 필요하다.

마음과 수행의 관계를 살펴보자.

인간을 포함해서 모든 동물에게는 시각, 청각, 후각, 미각, 그리고 촉각이라는 기본적인 다섯 감각이 있다. 그러나 사람마다 오감에서 큰 차이를 보인다. 표면적인 원인은 감각 자체의 능력에 차등이 있기 때문이다.

시각을 예로 들어보자.

무엇보다 개인 간 시력 차이가 크다. 한편 비슷한 시력을 갖고 있어도, 보는 시각이 다르다. 예를 들어, 같은 나무를 봐도, 어떤 사람은 줄기를 주로 보고, 어떤 사람은 가지를 주로 본다. 또 다른 사람은 나뭇잎을 볼 수 있다. 이것은 사람마다 관점이 다르기 때문이다.

관점이 다른 심층적인 원인은 의식 속에 있는 경험의 인자들이 다르기 때문이다. 같은 곳을 볼지라도 개인의 경험이 현재의 시각 작용에 미치는 영향은 다르다.

예를 들어, 과거에 어떤 돌발적인 경험이 의식에 특별히 각인되면, 나중에 다른 현상을 만나도 유사한 착각을 불러일으킨다. 더욱이 바른 도리에 어긋난 삶이 누적되면, 대상을 평등하게 볼 수 없는 왜곡된 의식이 형성된다. 이렇게 분별의식이 쌓이면 편견, 집착 등의 자기중심적 의식구조가 형성된다. 유전도 이와 깊은 연관을 맺고 있다. 조상의 경험이 후손에게 투영되기 때문이다.

한편, 인간은 생각이라는 의식이 특별히 발달해 있다.

우리는 의식이 물질과 차원이 다른 정신작용이라고 생각한다. 그러나 대부분 의식은 감성이나 관념의 의식작용이다. 따라서 물질처럼 한계나 경계를 지니고 있다. 좀 더 구체적으로 성찰해보면, 표현이라는 수단이 있으므로 어떤 개념을 갖는다는 사실을 알 수 있다.

다른 말로 하면, 경험에 기반을 둔 표현, 즉 대상이 있으므로 생각이 생각을 지각할 수 있다. 따라서 언어로 표현할 수 없는 것은 제대로 생각할 수 없다. 이것이 서양 인식론의 기본 전제다.

"모든 것은 마음먹기에 달렸다."라고 말은 하지만, 현실에서 마음대로 이루어지지는 않는다. 그 이유는 무엇일까?

마음의 본질은 자유롭지만, 실상 그 현상작용은 관념의 대상이 형성하고 있는 한계 내의 작용이다. 따라서 경계에 갇힌 이질적인 의식들은 서로 갈등하며 충돌하기 마련이다. 서양적 관념체계 안에서는 일시적인 소통은 가능하지만, 완전한 통섭은 불가능하다.

정반합의 싸움이 계속 이어질 수밖에 없는 의식구조다.

그러므로 관념적인 이론에 근거한 마음공부로 건강하고 자유로운 마음에 이를 수 없다. 경계 안의 마음에서 경계 없는 마음으로 가는 최고의 방법은 모순을 수용하고 초월하는 삶의 수행이다. 의식을 깨우는 실질적인 수행을 통해, 마음의 감옥에서 벗어날 수 있다. 그때 우리는 진정으로 건강해질 수 있다.

마음속에는 수많은 의식의 경계가 층층이 겹쳐있다. 우리가 알 수 있는 표층의식에서 전혀 알 수 없는 심층의식인 무의식에 이르기까지 의식의 층은 넓고 깊다. 따라서 단계적으로 그 경계를 벗어나는 수행이 필요하다.

1단계는 오감의 균형을 통해 감각을 정화하는 데 중점이 있다.

오감을 하나하나 깨끗하게 정화하는 과정에서 점차 감각의 집착에서 벗어난다. 이 단계는 심신(心身) 차원의 수행이자 건강 회복과정이다. 사람마다 오감의 차이가 있으므로, 중점을 어디에 둘지는 스스로 자신의 상태를 파악해서 선택한다. 개인의 노력에 따라 결과가 크게 달라진다.

2단계에서는 의식 자체의 균형과 정화에 초점을 둔다.

이론과 관념의 한계를 벗어나려면, 모순과 대립이 생명의 원동력이라는 사실을 철저하게 깨닫는 것이 중요하다. 의식 정화의 기본 원칙도 마음의 양극적 특성을 이해하는 데 있다. 경계 안의 마음은 물리적 현상처럼 구조와 작용 등에서 양극적 대립을 보인다.

주역의 이치로 설명하면, 음양(陰陽)이 맞물려 하나의 현상으로 작용하고 있다. 예를 들어, 미움과 사랑, 행복과 불행 등은 쌍을 이룬다. 따라서 현상세계 안에서 건강의 회복과 유지는 양극적 요소를 평등하게 바라보는 균형의식에 달려있다. 양극적 요소에 메임이 없이 심리상태의 균형을 조율하면, 건강을 오래 유지할 수 있다.

마지막 3단계는 의식의 경계마저 벗어나는 일이다.

보통 영성이라고 하는 영역이다. 하지만 영성에는 더욱 심원한 차이가 있다. 석가모니는 깨달음에 정도의 차이가 있다고 말씀했다. 세상에 스스로 깨달았다고 주장하는 자는 많아도 세상의 바른 변화에 큰 도움이 안 되는 이유는 작은 깨달음에 안주해서 위 없는 깨달음을 추구하지 않기 때문이다.

바른 수행법은 이미 세상에 공개되어 있다.

그런데도 사람들은 특별한 수행법을 찾는 경향이 있다. 하지만 그것은 또 다른 경계를 만들 뿐이다. 《장자(莊子)》에서 유래한 일화 중에서, 집 밖으로 봄을 찾아 이리저리 헤매지만 끝내 어디서도 찾지 못하는 얘기가 있다. 누구나 찾는 영원한 생명의 봄은 지금 여기 자신의 삶 속에 있다는 진리를 일깨우고 있다.

우리는 가변적인 현상에서 영원한 본질을 지향해야 하는 숙명을 가지고 태어났다. 따라서 현상과 본질의 모순을 소통하는 양면적 수행은 불가피하다. 삶의 현실은 끊임없는 변화 속에 있다. 심신의 작용도 한순간도 멈춰있지 않다.

생명의 근원적 특성은 진동(振動)이다. 따라서 진공상태의 수행이 아닌, 역동적 삶 속의 수행이 더욱 긴요하다.

우리는 끝없는 변화의 흐름에 맞게 경계를 쌓고 또 허무는 과정을 반복하면서, 끝없는 혁신을 통해 영원한 생명이 있는 진리의 세계로 나아갈 수밖에 없다. 그 과정에서 만나는 현상과 영성의 미혹에서 벗어나려면, 청정한 상태를 철저하게 추구하는 수행이 필요하다. 심신의 독소를 비워내는 최고의 방법은 도리에 맞는 생활이다.

바른 도리를 하나씩 체득하는 과정에서 건강한 신경호르몬이 작동하게 된다. 그 결과로 의식이 정화되고, 생명의 지혜가 솟아오른다.

06. 마음의 효소 관리

건강은 모든 사람의 희망 사항이다.

그러나 희망한다고 모두 이루어지는 것은 아니다. 건강은 단순히 육체적인 문제만은 아니다. 건강은 몸과 마음과 삶의 균형을 총체적으로 유지하려는 노력의 결과로 생긴다. 특히 마음은 몸과 삶의 중심을 이룬다. 마음이 중심을 잡고 균형을 유지할 때, 건강한 인생을 즐길 수 있다.

의식의 파장이 물질의 구성을 결정한다는 사실은 양자물리학이 발전하면서 밝혀지고 있다.

마음을 어떻게 쓸 것인가가 개인의 운명을 좌우한다. 개인의 의식이 모여 사회의 집단의식이 된다는 점에서 의식 흐름은 국가의 미래를 결정한다고 볼 수 있다. 기업의 미래도 마찬가지다. 한 기업의 미래는 단순히 전문적인 기술 개발과 마케팅에 달려 있지 않다.

기술과 마케팅은 임계점이 있기 마련이다.

인류사회의 패러다임이 완전히 뒤바뀌는 시점에 이르면, 기존 산업의 생태계가 무너질 수도 있다. 지금이 바로 그때다. 예를 들어, AI 시대가 본격화되면 폐쇄형 산업시스템의 경쟁력이 갈수록 떨어지게 된다.

산업구조의 재편이 인간의 삶에 끼치는 영향은 막대하다.

특히 문명사적 변화의 흐름에서 인간의 저항은 너무 미약하다. 예를 들어, 산업혁명의 거센 물결이 영국 사회를 휩쓸 때 그 반작용으로 일어난 기계파괴운동도 그 흐름을 막지는 못했다. 오히려 새로운 차원에서 전체 사회의 조율이 불가피했다. 지금 AI가 이끄는 문명전환은 그때보다 파급력이 더 크다. 인간 존재의 의미 자체를 근본적으로 재정립할 수밖에 없기 때문이다.

우리는 모든 경계를 소통하는 의식해방의 시대에 살고 있다.

일반적으로 보통 사람의 의식은 자신이 속한 특정한 시대, 공간, 사회계층, 조직의 구조 등에 근간한다. 한편 사회의 변화를 선도하는 사람들과 일반 대중 사이에는 의식의 차이가 상당히 크다. 그러므로 기존의 체제에 근거해서 사는 일반인들은 새로운 사회 시스템의 도입에 적응하기가 매우 힘들다.

지금처럼 인류사회 전체가 급변하는 시기에는 더욱 그렇다. 따라서 새로운 시대에 맞는 보편적 가치관의 정립은 사회의 안정에 필수적이다. 보편의식으로 소통하지 않으면, 사회 혼란은 해소되지 않는다. 문명대전환의 원동력은 의식의 근원적 전환에 있다.

바른 의식전환은 심리의 균형을 회복하는 수행으로 가능하다. 세상의 빠른 흐름 속에서 균형을 잡는 수행의 이치를 체득하고 있으면, 어떤 변화에도 적응할 수 있다.

한편 의식의 균형은 생리의 균형과 직접적인 관계를 맺고 있다. 균형의식의 기본 토대는 균형감각이다. 균형감각이 뛰어난 사람은 돌발적인 상황에 대응하는 속도가 빠르다. 이것을 생리적(生理的)으로 분석하면, 인체 신경전달물질들이 원활하게 상호작용한 결과라고 할 수 있다.

심신의 균형은 신경 계통의 조화에 가장 큰 요인으로 작용한다.

대표적인 신경전달물질인 세로토닌은 뇌 신경뿐만 아니라 장내(腸內) 수많은 효소의 조화를 통해 활성화된다. 달리 얘기하면, 심신의 활동이 균형을 이룰 때, 이질적이고 상반된 효소들은 조화를 이루고 최상의 상태로 유지할 수 있다.

장내 효소의 상태는 단순히 음식과 같은 외부 요인으로 결정되지 않는다. 수많은 물질적, 환경적 요인 등이 결부되어 있다. 이 모든 요인을 주재하는 기관은 마음이다. 의식의 흐름을 파악하는 마음은 장내의 효소 상태에 직접적인 영향을 미친다.

이 점에서, 장내의 효소는 마음의 효소라고 할 수 있다. 수많은 의식의 흐름을 조율하는 마음의 효소를 조화롭게 관리하는 사람은 변화에 대처하는 능력이 높고 건강하다.

마음의 효소는 균형의식에서 나온다.

개인의 건강뿐만 아니라, 기업의 건전성을 유지하는 비결도 의식의 균형에 달려있다. 효소의 균형관리에서 알 수 있듯이, 다양성을 조화롭게 관리하는 경영자의 균형의식은 문명대전환의 위기를 오히려 기업을 새롭게 발돋움하는 기회로 만들 수 있다.

다양성은 여러 가지 측면에서 말할 수 있다.

무엇보다 인적 구성의 다양성이 중요하다. 여기에는 정치, 종교, 문화, 성향뿐만 아니라, 능력에서도 다양성이 확보될 때, 조직의 탄력성은 높아진다. 반대로 정치적, 종교적 편향이 심한 사람들 위주로 구성된 조직은 격변의 시기에 균형을 잡기 힘들다.

똑똑한 사람들 위주로 구성된 조직도 오래 유지되기 힘들다.

조직과 사회의 변화에는 논리적으로 해결되지 않는 많은 요소가 함께 하기 때문이다. 옛 현자들은 이것을 신령한 힘의 작용이라고 함축해서 말했다. 신령한 힘이란 생명의 양극적 모순인 음양(陰陽)이 자아내는 작용과 반작용의 율려작용을 말한다.

우주의 율려작용은 인간의 이성적 한계를 벗어날 때가 많다.

인간은 자신을 중심으로 질서를 잡고자 하지만, 우주는 모든 존재를 아우르는 보편 생명력을 지니고 있다. 이 점에서. 첨단과학이 발달할수록 모든 경계를 넘어 균형을 유지하는 보편적인 정신문화는 중요해진다.

정신문화의 최고 영역은 수행문화다.

일체의 형식과 의식을 깰 때, 의식 저편의 세계는 모습을 드러낸다. 이 점에서, 수행의 핵심은 무아(無我)다. 무아는 나의 분별의식을 끝없이 해체해서, 진리의 실상(實相)을 찾아가는 열린 의식을 말한다. 자의식을 버림으로써 보편의식을 회복하게 된다.

다만 무아의 양면성을 이해할 필요가 있다.

진리의 본원으로 가고자 한다면, 무아를 궁극으로 추구하면 된다. 그러나 현상에서 진리를 구현하려면, 끝없이 새로운 질서를 추구하는 일신우일신(日新又日新)의 자세가 중요하다. 둘 다 머무름이 없다는 공통점이 있다.

일신우일신의 모습이 현상적 무아인 셈이다.

진리와 현상의 양극적 모순을 변화의 상황에 맞게 조율하는 양면적 자세가 AI 시대를 살아가는 비결이다. 마음의 효소는 삶의 양극적 모순을 통섭하는 과정에서 형식의 한계를 넘는 건강한 융합창의력을 발휘한다.

07. 진정한 행복과 장수

누구나 오래 살기를 바란다.

1990년대까지만 해도 만 60세가 되면 장수를 축하하는 의미에서 환갑잔치를 하는 사람들이 많았다. 그때는 60세가 넘으면 노인으로 대접을 받았다. 그러나 지금은 70이 넘어도 젊은이 못지않은 활력을 지닌 사람이 적지 않다. 그래서 요즘에는 고희(古稀)를 기념하는 잔치도 많지 않다.

의료환경과 생활여건이 크게 개선된 덕분에 장수의 개념이 상당히 달라졌다. AI를 활용해서 생명공학에 첨단과학을 융합하면, 앞으로 100년 이상 사는 일은 어렵지 않다. 어쩌면 200세 이상도 가능할 수 있다.

청춘은 나이에 있지 않지만, 문제는 오래 산다고 모두 행복하지는 않다는 사실이다.

비록 평균연령이 늘었지만, 행복의 밀도는 그리 높지 않다. 우리나라의 행복지수는 2024년 보고서 기준 세계 52위다. GDP나 기대수명

등에 비해 행복지수는 낮다. 세계 최고 수준의 자살률과 갈등지수도 이를 증명한다.

근원적으로 생사를 고찰하면, 장수와 행복이 전혀 달리 보인다.

우리는 삶과 죽음을 별개로 보지만, 생사는 하나로 연결된 현상이다. 그래서 동양은 예로부터 모든 생명 현상을 종시(終始)로 파악했다. 죽음은 끝이 아니고, 영원한 시작이 있을 뿐이다. 정신과학, 죽음학 등의 발달로, 서양에서도 죽음이 세상과의 단절이 아니라 새로운 세상과의 연결이라는 사실을 여러 사례를 통해 설명하고 있다.

인간은 몸과 마음으로 구성되어 있다.

사람이 죽으면, 몸을 이루는 요소는 해체되어 자연으로 돌아간다. 완전한 무(無)로 돌아간 것이 아니라, 형체의 변화가 이루어진 것이다. 끝없는 변형이 이루어진다는 점에서 육체를 이루는 물질적 존재의 근원도 영원하다고 할 수 있다.

마음도 마찬가지다.

마음을 이루는 온갖 의식은 업식(業識)으로 끊임없이 유전하므로 영원히 존재한다. 앞에서 살펴보았듯이, 의식은 십이연기의 업력(業力) 속에서 맴돌고 있다. 한편 업식의 근원인 본식(本識)은 생멸에서 떠나 있으므로 본래 영원하다.

유무(有無)는 앞뒤가 하나로 연결된 뫼비우스의 띠와 같다.

종시(終始)의 관점에서 보면, 장수를 누리거나 단명하거나 죽는 순간의 변화는 어쩔 수 없다. 천문학적인 우주 시간으로 확대하면, 아무리 긴 인생도 찰나의 현상에 불과하다. 오래 사는 것이 중요한 것이 아님을 알 수 있다. 단순히 목숨을 연장하는 것은 오히려 불행을 초래할 수 있다.

핵심은 존재하는 상황에 있다.

무엇보다 생사의 과정에 있는 모든 현상을 장악할 수 있는지가 중요하다. 만약 생명 현상을 자신의 의지대로 장악하고 있으면, 그 사람은 영원히 살고 있다고 할 수 있다. 반대로 자신의 자유의지와 상관없이 현상의 흐름에 휘말려 산다면, 재산, 명예, 학식 등이 많고 오래 살아도 허깨비와 같은 삶일 뿐이다.

진정한 행복은 장수와 무관하다.

그렇다면 어떻게 살아야 진정한 행복을 얻을 수 있을까? 그 해답은 "아침에 도(道)를 들으면 저녁에 죽어도 좋다."라고 한 공자의 말씀 속에서 찾을 수 있다. 안수정등의 설화에서 알 수 있듯이, 사실 깨닫지 못한 사람은 무명의 위험 속에서 오욕락(五欲樂)을 찾아 헤매고 있는 것과 같은 상황에 놓여있다. 살아있어도 산 것이 아니다.

깨어있는 삶이 강조되는 이유도 여기에 있다.

지금 여기에서 삶의 주인이 되는 도리를 알고, 도리에 맞게 사는 사람은 세상의 고통에서 벗어나 생사를 달관한 존재가 된다. 성인이 죽음을 두려워하지 않은 이유는 현상을 존재할 수 있게 한 본성에는 본래 생사가 없다는 사실을 체득하고 있기 때문이다.

그러나 미혹 속에 있는 사람에게는 생사도 있고, 윤회도 있다.

한 생각이 일어나면 한 생(生)이 시작하고, 한 생각이 없어지면 그 생이 끝난다. 바로 의식의 끊임없는 전변이 바로 생사이자 윤회임을 알 수 있다. 생각이 이어진다고 생각하지만, 엄밀히 성찰하면, 생각은 영화의 필름처럼 단락을 이루며 한 편을 이루고 있다. 그 속에서 희로애락이 함께 하는 것으로 느끼고 있을 뿐이다.

정확히 말하면, 자신이 윤회하고 있다는 착각 속에서 스스로 행복과 고통을 느끼는 것이다.

무명(無明) 속에 있는 사람은 새로운 생명의 태(胎)에 들어갈 때, 전생의 일을 모두 잊는다. 오직 바른 깨달음을 깨달아 얻은 존재만이 모태에 들어가고 나오는 것을 분명하게 기억할 수 있다고 한다. 이 점에서, 영원한 장수와 행복을 얻는 비결은 윤회의 업식에서 벗어나는 일이다.

현상과 영원을 잇는 과정이 수행이다.

만약 현상과 영원 어느 한 면에 집착한다면, 그것은 바른 수행이 아니다. 안타깝게도 대부분 사람은 현상적인 장수와 물질적인 행복을 찾아다니느라, 자신의 소중한 영혼을 망각하고 있다. 반대로 어떤 이들은 헛된 영성을 추구하느라, 삶의 토대가 되는 현실을 무시하고 있다.

영적인 집착도 현상에 대한 집착 못지않은 커다란 망상이다.

내가 명상을 수행의 궁극적 지향점으로 보지 않는 이유다. 명상의 즐거움에 빠지면, 현실이 공허라고 혐오스럽게 느껴진다. 반면에 지나치게 물질을 지향하는 삶은 양극적 모순과 갈등에서 벗어날 수 없다. 따라서 두 경우 모두 균형을 상실한 것이다. 지금 여기 자신의 일상에 영원한 건강과 행복에 이르는 길이 있다.

수행의 관점에서, 중도(中道)는 무엇보다 중요하다.

중도를 통해 진리로 나아갈 수밖에 없다. 개인이 처한 상황이 다르므로, 자신에 맞는 양극단의 균형조율은 건강과 행복, 그리고 수행의 관건이다. 삶의 주인공으로 사는 도리를 갖추고 있다면, 현상세계에서 단 하루를 살다 가도 영원히 사는 것과 같다. 영원한 생명의 흐름 속에서 자유롭기 때문이다. 대우주의 도리를 닦는 수행은 진정한 장수와 행복으로 가는 길이다.

08. 지혜 건강법

건강에 관한 이론과 방법은 천차만별이다.

의학기술은 갈수록 첨단화하고 있지만, 건강에 관한 바른 견해를 가지고 있는 사람은 그리 많지 않다. 심지어 전문가라고 자처하는 사람들이 주장하는 건강에 관한 이론이 서로 다른 경우도 많다. 이 사람 말을 들으면 이 이론이 맞는 것 같고, 저 사람 말을 들으면 저 방법이 좋을 것 같다.

사정이 이렇다 보니, 바른 건강법을 모르는 사람은 여기저기 휩쓸려 다니면서 자신의 소중한 생명력을 잃는 경우가 너무도 많다. 여기에 약품과 의료에 대한 지나친 광고와 맹신이 맞물려 과잉진료가 건강한 삶을 방해하고 있다.

이 모든 원인은 생명에 대한 바른 식견이 부족하기 때문이다.

앞에서 설명했듯이, 건강은 어떤 삶을 사는지와 직결된다. 따라서 무엇보다 먼저 자신의 몸과 마음, 그리고 나아가 자신과 상대하는 사람들과 함께 일구어 가는 세상에 대한 바른 이해가 건강한 삶을 이루는 가장 중요한 요소다.

모든 죄의 근원은 어리석음이듯이, 건강하지 못한 원인 또한 무지에 있다. 밝은 지혜가 없으면, 우리는 늘 갈등과 번민 속에서 그릇된 삶을 살 수밖에 없다. 마찬가지로 건강에 관한 지혜를 갖추지 못하면, 자신에게 맞는 건강한 삶을 영위할 수 없다.

AI 시대에 건강의 지혜는 더욱 중요하다.

앞으로 AI가 모든 인간의 의사결정을 주도할지도 모른다는 전망이 나오고 있다. AGI(인공일반지능)이라고 불리는 강(强)인공지능이 보편화하면, 아마도 의학 정보에 관한 한 인간이 AI를 능가하기는 힘들 것 같다.

만약 건강에 관한 모든 문제를 AGI가 해결한다면, 어떻게 될까?

전문적인 의료기술이 보편화하고, 특히 의료 사각 지역에 널리 보급되면서, 어쩌면 과잉치료는 사라질 수도 있다. 또한, AGI를 활용해서 첨단 의료기기나, 장기를 교체하는 생체의료기술 등의 개발로 인간의 수명은 크게 늘 수 있다.

생명을 단순히 오래 연장한다고 인간은 행복할 수 있을까?

육체적 건강과 영혼의 건강은 다르다. 육체의 건강만 추구하면, 감각의 쾌락에서 벗어날 수 없다. 쾌락의 끝은 파멸밖에 없다는 사실은 동서고금의 역사가 증명했다. 마음의 건강이 진정한 건강을 이루는 핵심 요소다.

번뇌가 클수록 건강한 마음을 지키는 지혜도 커지는 법이다.

번뇌를 잘 살피는 보편적 도리와 통섭적 지혜에 집중하는 일이 건강을 유지하는 비결이다. 인간이 동물과 다른 점은 삶의 존엄성을 느낀다는 사실이다. 스스로 존엄성을 확인할 때, 인간은 삶의 의미를 찾고 진정한 행복을 누릴 수 있다. 생명의 존엄성은 자기만의 분별의식이 아니라, 생명 현상의 보편성과 독자성을 두루 인식하는 열린 사고에서 발현된다.

아무리 오래 살아도 생명의 보편의식이 깨지지 않으면, 인간 존재의 참된 존엄성을 찾을 수 없다. 인간은 온갖 정보로 무장한 기계적 AI와 다르기 때문이다. AI로 통제되는 시스템 속의 인생을 꿈꾸는 사람은 부속품을 갈듯이 새로운 프로그램을 부여하면서, 또 다른 삶을 연이어 사는 인공지능사회를 기대할 수도 있다.

번뇌가 없는 기계라면 가능한 일일지도 모른다.

그러나 전자장치처럼 정해진 역할만 하다가 사라진다면, 인간은 존엄성을 전혀 느낄 수 없다. 그런 상태가 끝없이 지속하면, 인간의 속성상 지루한 인생을 스스로 포기하는 일도 일어날 수 있다. 영원한 생명의 존엄성은 역설적으로 유한한 생명의 역동성에서 비롯된다.

AI는 기계적인 정보의 소통이 필요하지만, 인간은 번뇌를 해결할 살아있는 지혜가 필요하다.

인간은 역동적인 삶의 의미를 느낄 때, 가장 행복하고 최고로 건강한 삶을 누릴 수 있다. 생명의 역동성이 삶의 의미를 일깨우는 원동력이다. 비록 그 역동성이 삶의 양극적 모순을 자아내지만, 모순의 삶이 생명을 순환시키고, 의식의 전환을 만드는 계기가 된다.

인간은 번뇌 덩어리라고 해도 과언이 아니다.

그러므로 단순히 오래 산다고 행복할 수 없다. 오히려 오래 살수록 고뇌가 더 깊고 커질 수 있다. 기계적인 수단 또는 생명과학적 처방으로 육체적 건강을 오래 유지하면 할수록, 인간사회의 관계 양상은 더욱 복잡하게 얽힐 수밖에 없기 때문이다.

또한, 번뇌는 정보를 처리하듯이 논리적으로, 기계적으로 해결되지 않는 측면이 많다. 정보가 고도화할수록 번뇌는 더욱 심화할 수 있다. 어쩌면 오래 사는 것이 비극인 시대가 도래할 수도 있다. 특히 부와 권력의 편중이 심한 사회일수록 그 양상은 더욱 심각할 것이다. 부와 권력이 많은 계층에서 상대적인 갈등으로 번뇌는 더 커질 수 있다.

그러므로 번뇌를 바라보는 시각을 전환할 때가 되었다.

번뇌의 고통을 정신적 각성과 의식의 도약을 이루는 계기로 삼는 자세가 필요하다. 관점이 바뀌면, 번뇌는 의식성장에 꼭 필요한 자양분을 제공하게 된다. 생동하는 삶의 지혜는 번뇌를 영적 성장의 토양으로 만든다. 만약 번뇌의 갈등이 사라지면, 인류는 퇴화하고 기계만 남을 수 있다.

번뇌를 소멸하는 지혜를 통해 영적 성장을 이루는 점에서, 인간은 AI와 근본적으로 다르다.

생명의 모순을 아우르는 살아있는 지혜가 인류사회를 구하는 정신이다. 지혜의 정신은 삶의 행위를 닦고, 걸림이 없는 생명의 지혜를 구하는 수행을 통해서 얻을 수 있다. 만약 생명소통의 지혜가 없다면, 핵전쟁보다 무서운 싸움이 전개될 수 있다.

AI 시대에 수행은 인간다운 삶을 위한 생존전략이다. 생명의 지혜는 나 자신을 지킬 뿐만 아니라, 건강한 사회를 밝히는 등불이다.

09. 건강한 삶을 위한 보편 도리를 세우자

새로운 것이 나올 때면, 항상 큰 혼란과 고통이 따른다.

모든 것은 유기적인 특성을 보이기 때문에, 새로운 문명의 도래에도 산고(產苦)의 과정은 반드시 따르기 마련이다. 특이점 시대 이후의 세상은 이전의 시대와는 확연히 다를 것이라는 사실은 누구나 예상하지만, 그 과정에 대한 대비는 너무 느슨하고 막연하다.

대부분 외형적인 형식에서 새로운 돌파구를 찾을 뿐, 근본적인 본질에서는 변화의 노력이 상당히 부족하다.

특이점 이후 새로운 세상의 가장 큰 특징은, 여러 글에서 반복해서 강조했듯이, 정신문화가 물질문화를 선도한다는 점이다. 이 점에서, 우리의 정신을 완전히 새롭게 깨울 필요가 있다. 정신이 확고하게 정립되어 있지 않은 사람은 앞으로 수많은 정보 속에서 자신의 가치를 찾기 힘들다.

더욱이 AI가 제공하는 정보에만 의지하는 풍조가 사회 전반으로 확대되면, 특정한 세력에 의해 사회가 쉽게 좌우될 수 있다. 그렇게 되면, 마치 평형수가 없는 배처럼 균형을 상실한 우리 사회는 변화의 물결이 거세지면 전복될 수밖에 없다. 불행한 사태를 막기 위해서는 우리 스스로가 근원적으로 새롭게 태어날 필요가 있다.

어떻게 새롭게 거듭날 수 있을까?

새롭게 태어남에는 여러 가지 요소의 조화로운 융합이 필요하겠지만, 무엇보다 다양성과 통일성이 조화를 이루는 소통문화가 전제되어야 가능하다. 그렇다면 어떻게 소통의 문화를 정립할 것인가가 문제가 된다. 이 문제의 해결에는 융합시대에 맞게 표현의 한계를 넘어 보편적 도리를 바로 세우는 일이 가장 중요하다.

그러나 표현의 경계를 넘어가는 일은 쉽지 않다. 모든 영역에서 특정한 형식으로 표현을 한정하고 있기 때문이다. 특히 신앙의 측면에서 어떤 종교의 표현은 절대적인 힘을 상징하고 있다. 절대성을 강조하는 종교일수록 특정한 표현을 달리 부르면, 엄청난 파문이 일어나게 된다.

우리는 어떤 종교적 표현을 진리와 일치시키는 습성이 있다.

종교사상마다 진리를 가리키는 표현이 다르다. 우리는 표현의 감옥에 갇혀있는 셈이다. 따라서 이러한 습성을 깨고, 문명의 대융합에 맞는 적절한 표현으로 보편적 도리를 확장할 때, 진정한 문명전환을 이룰 수 있다.

성인의 말씀으로 예를 들어보겠다.

예수는 "누구든지 새로 나지 아니하면 아무도 하느님의 나라를 볼 수 없다."라고 말씀했다. 여기서 표현의 문제가 대두된다. 이 번역은 개신교와 천주교가 공동번역한 성경을 그대로 인용한 것으로, '하느님'은 형용할 수 없는 진리의 본체를 일시적으로 부르는 추상명사일 뿐이다.

이 사실을 노자의 말씀을 통해 더욱 구체적으로 깨달을 수 있다. "도를 도라고 하는 순간, 영원히 변함없는 도는 아니다(道可道, 非常道)." 형용할 수 없는 진리의 도를 임시로 도라고 표현할 뿐이라는 사실을 이미 동양은 오래전에 알고 있었다.

의식의 표현과 대상의 관계를 가장 근원적으로 고찰한 분은 석가다. 앞에서 자세히 다룬 내용이지만, 정견(正見)을 확고히 다지는 차원에서 다시 한번 정리하겠다.

석가는 우리가 세상의 고통 속에서 윤회하는 근본 원인을 십이연기로 설명했다. 무명(無明)이 생사윤회의 근본 종자가 되어 행(行), 식(識), 명색(名色), 육입(六入), 촉(觸), 수(受), 애(愛), 취(取), 유(有), 생(生), 그리고 노사(老死)가 반복하며 생명이 순환하고 있다.

여기서 명색(名色)은 문명전환에서 표현과 의식의 문제를 해결할 수 있는 가장 핵심적인 부분이다. '명(名)'은 의식이다. 그런데 의식은 표현으로 드러나므로, 의식과 표현은 일치한다. 그리고 의식의 표현은 어떤 '대상(色)'을 통해 전달하므로, 의식과 대상은 하나로 통합된다. 그래서 명색(名色)이 하나의 단어로 묶여있다. 대상이 없는 의식과 표현은 없기 때문이다.

사회 혼란의 원인 중의 하나가 표현에 매몰되어 있는 점이다.

예를 들어, 정치에서 진보와 보수라는 이름으로 갈라져 싸우거나, 종교에서 하나님, 부처님, 알라신으로 나뉘어 갈등하는 것 등이 그렇다. 사실 정치에서 중요한 점은 진보와 보수가 아니라, 사회의 평화와 공영발전을 지향하는 진실성이다. 종교에서도 절대적 존재의 이름이 아니라, 진리를 구현하는 삶이 중요하다.

명칭에 종속되면, 표현 속에 진실은 사라진다.

예수는 모든 존재를 품는 영적 생명으로 거듭남이 중생(重生)임을 분명히 했다. 석가는 깨달음으로 그 의미를 새겼다. 깨달음이란 무명의 분별의식을 거두어내고, 일체중생과 하나를 이루는 광명(光明)의 순수의식을 회복하는 일이다.

부처는 깨달음을 완성했다는 의미다.

부처님은 그런 경지를 이룬 분을 존칭하는 명칭일 뿐이다. 진리에 합당한 내용이라면, 하나님, 부처님, 알라신, 브라흐마 등의 말씀이 모두 좋다. 그러므로 진정한 믿음은 신앙의 대상에 대한 믿음이 아니라, 바른 진리에 대한 믿음이다.

새로운 시대의 보편적 기준이 되는 바른 도리를 세우자.

종교, 정치, 문화 등을 모두 통섭하는 의식의 대전환 운동을 우리 내부에서 스스로 일으켜야 한다. 그러나 우리의 의식은 언어의 경계를 넘어가기 어려우므로, 무엇보다 먼저, 보편성을 지닌 표현으로 융합 시대의 도리를 새롭게 구현해야겠다.

이 점에서, 보편의식을 교육과 문화 속에 녹여내어 새롭고 보편적인 표현을 담은 융합콘텐츠로 보급하는 일은 앞으로 인류 문명사 차원에서 긴요한 사업이 될 수밖에 없다. 우리나라가 그 선봉장이 되길 소망한다.

보편의식의 확산이 사회의 건강을 근원적으로 증진하는 길이다.

10. 삶의 학문이 필요한 시대

유교의 가르침을 대표하는 《논어》에서, 공자는 인간이 누려야 할 즐거움 중에서 첫 번째로 학문하는 즐거움을 말씀했다. 공자의 학문은 우리가 현재 생각하고 있는 학문과는 많은 차이가 있다. 그것은 삶의 학문이다. 삶의 도리를 추구하는 것과 특수한 분야의 전문지식을 습득하는 것은 상당히 다르다.

삶의 학문은 심신의 바른 도리를 닦는 일이다.

따라서 그것은 수행(修行)이다. 수행을 통해 품격을 높이는 삶의 학문은 인간의 총체성을 구현하지만, 전문분야의 학문은 총체적 인간성보다는 특수한 목적의 효율성을 추구할 뿐이다. 공자의 말씀처럼, 배우고 때에 맞게 실천하는 것이 인간의 근원적 즐거움이 될 수 있는 이유는 삶의 학문을 통해 인간이 성숙해지기 때문이다.

공자의 기본 가르침인 인(仁)의 정신은 서로를 배려하는 충서(忠恕)와 타인을 내 몸처럼 사랑하는 인애(仁愛)를 포괄하고 있다.

그러므로 삶의 학문을 체득한 성숙한 인간은 공동체 안에서 질서를 조화롭게 유지하는 법을 안다. 그러나 물질문명에 함몰된 사람은 눈앞의 이익에 너무 집착하게 되어, 전체의 생명질서를 파괴하는 어리석음을 저지르게 된다.

똑똑한 사람이 비도덕적인 행위를 하는 경우는 여기에 해당한다.

공자뿐만 아니라 모든 성인(聖人)은 공통으로 도덕(道德)을 말씀하고 있다. 도덕은 단순히 관념적인 어떤 명제를 의미하지 않는다. 도덕은 영원한 진리이자, 유동적인 현재의 삶 속에서 살아있는 생명을 구현하는 정신이다.

도덕적인 삶은 진리의 삶이고, 생명의 총체성을 구현하는 삶이다.

도덕성은 인간다움을 이루는 가장 기본적 토대다. 또한, 사회를 소통할 수 있게 하는 생명력이다. 그러므로 삶의 학문은 도덕성을 회복하는 수행 공부와 일치한다. 만약 도덕을 함양하는 수행이 사라진다면, 인간은 짐승만도 못한 존재가 될 수밖에 없다.

우리 사회뿐만 아니라 온 세상이 갈등과 분열로 혼란한 이유는 도덕성을 상실하고 물질적 효율과 이익만 추구하기 때문이다. "너희는 남에게서 바라는 대로 남에게 해주어라."라는 예수의 말씀 속에는 생명소통의 정신이 담겨있다.

예수의 황금률은 중도, 중용과 같은 도덕적 질서를 의미한다. 도덕적 질서가 무너지면, 인류사회는 공멸할 수밖에 없다. 물질적 효율성이 극대화하면, 오히려 돌이킬 수 없는 무질서로 인해 파괴가 일어난다.

이 점에서, 우리의 삶을 냉철하게 성찰해볼 필요가 있다.

과학기술은 점점 전문화되고 있지만, 인간의 의미는 기술발전과 비교하면 할수록 초라해지고 있다. 현재 AI는 인간의 영역을 빠르게 잠식하고 있다. 모든 영역에서 AI가 인간을 압도할 특이점 시대가 지나면, 어쩌면 인간이 필요 없는 사회가 도래할지도 모르겠다. 효율성이 떨어진 사람은 잉여 인간이 된다. 그 이후의 결과는 상상하기도 두렵다.

묘하게도 AI가 역으로 인간 존재의 가벼움을 환기하고 있다.

삶의 학문은 AI 시대에도 인간의 존엄성을 지키면서 첨단과학과 공생을 이루는 길이다. 인간교육은 삶의 학문으로서 인간이 AI의 노예가 되는 상황을 막을 유일한 대안이다. 이 점에서, 전인교육(全人教育)을 지향하는 총체적 인간교육은 앞으로 더욱 중요해질 수밖에 없다.

인간교육은 인간의 본성을 회복하는 수행으로 인도하는 가교역할을 할 수 있다. 삶의 학문으로서 인간교육이 바로 수행의 기본이기 때문이다.

2025년에 발행한 《어둠을 밝히는 지혜》에서, 나는 생명 순환의 이치가 개인의 건강과 사회의 발전에 필수적인 요소임을 밝혔다. 이 사회를 가로막고 있는 어둠은 소통의 지혜만이 해소할 수 있다. 소통은 우리가 결국 하나로서 전체를 이루고 있다는 생태적 자각에서 나온다.

예수의 사랑과 석가의 자비는 모든 생명을 아우르는 정신이다.

이와 반대로 분열을 주장하는 사람은 생명질서를 파괴하고, 인륜 도덕의 근본도리를 위배하는 죄를 범하고 있다. 따라서 삶의 도리를 회복하는 가장 빠른 방법은 사회 전체 영역에서 도덕적 각성을 일으키는 것이다. 나는 세 가지 방향에서 도덕성 회복을 추진하는 것이 가장 효과적이라고 생각한다.

먼저 첫째로, 유아교육을 새롭게 전환해야 한다.

어릴 적부터 삶의 습성을 바르게 익히면, 평생 그 영향이 전체 사회에 미치게 된다. 교육에는 사회 전체가 관여돼있기 때문에, 유아교육을 통해 부모를 포함해서 우리 사회를 재교육하는 효과를 볼 수 있다.

둘째, 노인교육을 생명 교육으로 전환해야 한다.

삶의 학문이라는 측면에서, 인간은 죽을 때까지 공부해야 하는 존재다. 노인은 다시 자연으로 돌아가는 길목에 있으므로, 생명 순환의 입장에서 삶을 돌아보고 인간의 존엄성을 회복할 필요가 있다. 단순히 물질적인 노인 정책으로는 삶의 존엄성을 회복할 수 없다. 노인 정책의 대전환이 필요하다. 특히 남성 노인들에게는, 생명력을 바른 방향으로 유도하는 수행문화 정책이 무엇보다 절실하다.

셋째, 지도자를 위한 특별한 교육이 필요하다.

우리 사회에서 지도자가 되겠다고 하는 사람은 많지만, 진정한 지도자는 별로 없다. 이런 상황을 푸념하기보다는 적극적으로 새로운 시대의 지도자를 양성하는 길이 옳은 방향이다. 지도자의 행동이 사회에 미치는 파급효과가 너무 크기 때문에, 지도자의 덕성을 함양하는 바른 인재의 양성은 국가의 미래를 좌우한다.

나는 정치적 중립을 전제로 한 '국가인간교육위원회'의 설립을 주장한 바 있다. 국가 차원의 인간교육은 힘들겠지만, 기업, 사회단체, 교육기관 등에서 지도자를 위한 인간교육을 하는 것은 충분히 가능하다. 지금의 혼란과 위기는 우리가 새롭게 태어날 좋은 기회이기도 하다.

새로운 시대에 맞는 인재를 우리 스스로 만들어보자. 그 과정에서 우리도 각자 새롭게 거듭날 것이다.

11. 생명소통의 길

진리의 세계는 경계가 없다.

그러나 현상의 세계는 수많은 경계로 이루어져 있다. 모든 생명을 아우르는 본질적 생명력은 존재하지만, 각 경계에는 서로 다른 중심 가치가 존재한다. 따라서 실질적인 생명의 형태와 활동에서는, 좌우, 상하, 표면과 이면, 작용과 반작용 등의 양극적 모순이 자아내는 갈등과 불안 속에서 끊임없이 균형을 잡아야 하는 상황이 존재할 수밖에 없다.

본질과 현상의 모순은 생명의 다양성과 역동성을 주지만, 다양한 개체들이 서로 조화를 이루는 데는 인고의 시간과 고통이 따른다. 경계의 모순을 소통하고 균형을 회복하는 정도가 인간사회의 질서를 결정한다.

인간과 자연이 생태적 질서를 찾아가는 방식은 다르다.

자연의 생태적 균형은 '자연(自然)'이란 한자어가 의미하듯이, 스스로 그렇게 조화를 이루어나간다. 자연 만물은 한순간도 고정돼 있지 않고 끊임없는 변화의 과정을 보이지만, 일정한 주기의 생태적 질서를 통해 균형을 유지하고 있다.

그러나 인간의 균형방식은 사뭇 다르다.

동물계의 최상위 포식자인 인간은 동물의 원시적 잔인성과 고도의 이성이 만든 합리성을 동시에 가지고 있기 때문이다. 자연적인 흐름을 따라가는 동물과 달리, 인간은 자기중심적인 방식으로 질서를 잡고자 한다.

따라서 그 과정은 갈등과 투쟁의 연속이다.

인간은 가장 고등한 존재라고 스스로 자부하지만, 어찌 보면 가장 나약한 존재인지도 모른다. 고대 동양에서는 인간을 나충(裸蟲)이라고 불렀다. 아마도 보통의 인간은 벌거벗긴 채로 원시 자연 속에 방치되면, 하루도 견디기 힘들 것이다.

다행히 이성이 발달한 인간은 도구를 발명하면서, 삶의 한계를 극복해왔다. 지금은 인간도 통제하기 힘들 정도로 무서운 속도로 진화하고 있는 AI를 만들어냈다. 하지만 정보를 처리하는 능력으로 비교하면, 인간은 AI 앞에서는 여전히 나충에 불과할지도 모른다.

AI에는 생명의식이 없다.

AI는 엄청난 양의 데이터를 연결하고 처리해서 우리에게 필요한 정보를 제공할 뿐이다. 여기서 우리의 의식이 문제가 된다. 우리가 자의식의 경계 속에서 세상을 바라보면, AI가 제공한 정보에도 이기적인 마음이 투영되게 된다.

인간의 욕망은 AI를 두렵게 만드는 가장 무서운 요인이다.

만약 우리가 편파적인 시각으로 정보를 요구하면, AI가 처리한 정보를 통해 얻는 지식은 객관적 진실에서 상당히 왜곡될 수밖에 없다. 인공지능화된 세상이 고도화될수록, 왜곡된 자의식이 투영된 AI의 알고리즘도 더욱 교묘해지게 된다.

이 때문에 모든 정보를 연결하고 융합을 촉진하는 AI는 오히려 사회의 건강한 소통에 장애가 될 수 있다.

우리의 마음이 열리지 않는 한, 사회의 경계는 더욱 공고해지고, 사람들 간의 소통은 더욱 힘들어지게 된다. 누군가는 생명의 소통이 없는 일방적인 방식으로 일시적인 이득을 볼 수 있다. 하지만 AI 시대에서 이러한 행태는 곧바로 사회 전반으로 확산하게 된다.

불건전한 소통으로 사회질서는 파괴되고, 모두가 공멸할 수 있다.

이 점에서, AI 시스템 안에 모든 종교사상의 경계를 넘는 보편윤리의식의 알고리즘을 부여해야 하는 일은 인류사회의 지속가능성과 직결되는 문제다. 그러나 앞서 살펴보았듯이, 관념적 보편윤리의식의 도출은 한계를 지니고 있다.

관념 자체가 물질과 같은 경계성을 지니고 있기 때문이다.

합리적 이성은 때로는 사회의 불균형을 더욱 공고히 하는 쪽으로 작용할 수 있다. 종교사상이 일시적으로 세상을 구하는 듯하지만, 시간이 지나면서 자유로운 생명력을 구속하는 이유도 이런 관념의 작용 때문이다.

그러므로 끝없는 혁신을 통해 생명의식의 소통이 필요하다.

내 생명에는 알게 모르게 다른 생명의 손길이 관여되어 있다. 모든 존재는 서로 유기적으로 연결되어 있으므로, 남을 해치는 것은 자신을 해치는 것과 다르지 않다. 에머슨은 이 사실을 산문 〈보상〉에서 양극성의 보상이란 관점에서 극명하게 설명했다.

"저주는 항상 저주하는 사람의 머리에 돌아온다. 족쇄로 노예의 목을 묶는다면, 그 한쪽 끝은 너의 목에 묶인다."

우리는 사회 혼란의 원인을 다른 사람에게 넘기는 습성이 있지만, 사회의 부조화에는 우리의 방관이나 무지가 한몫하고 있다. AI 시대에는 이런 습성이 주는 피해가 막대할 수 있다. 이미 많은 기업이 상호주의 원칙에 입각한 윤리경영을 중시하고, 임직원 교육에 활용하고 있다. 하지만 지금과 같은 수준의 교육과 평가 시스템으로는 AI 의 피해를 막는 데 한계가 있다.

관념적 윤리의식을 넘어 일상의 생활 속에서 도덕이 체화되는 과정 이 필요하다.

임직원의 부도덕한 행위가 기업의 존폐를 결정하는 사회가 되었다. 따라서 기업의 임직원 교육에도 기술발전의 위험성을 통제할 수 있는 근원적인 인간교육이 절실해지고 있다. 수행문화를 기업문화로 정착시켜야 한다고, 내가 주장하는 이유이기도 하다.

앞으로 수행은 모든 종교사상을 융합하고 심신의학, 정신과학, 양자 물리학 등과 같은 첨단과학의 도움을 받아 점점 고도화될 것이다. 현재 주로 수행의 한 형태인 명상이 인재교육에 활용되고 있다. 그러나 아무리 명상이 고도화돼도 기본은 하나다.

그것은 모든 생명이 하나라는 생명의식이다.

지금의 명상에는 생명의식을 일상으로 확대하는 보편 정신이 부족하다. 모든 존재는 거대한 생명공동체를 이루고 있다. "너희는 원수를 사랑하라."라고 한 예수의 말씀은 이러한 생명의식에서 이해할 수 있다. 원수를 이해하고, 용서하고, 사랑할 정도로 사회가 계몽된다면, 인류사회에서 갈등과 싸움은 사라질 것이다.

따라서 방석 위의 명상에서 삶의 수행으로 전환해야 한다.

양극적 모순이 대립하고 있는 현실에서, 조건 없는 사랑은 존재하기 힘들다. 따라서 사회의 소통을 이루기 위해서는 보편적인 사랑과 자비를 이루는 생명의식과 더불어, 엄격한 도덕의 기준이 필요하다. 본질과 현상의 양면에서, 생명의식을 실질적으로 구현해야겠다.

지금까지 에머슨하우스 교육연구소는 보편적 도덕의 기준을 세우는 데 집중해왔다. 앞으로는 그 기준을 보다 구체적으로 확립하는 일과 더불어, 실질적인 수행과 인간교육을 통해 양극적 모순을 균형조율하는 능력을 갖춘 인재를 양성하는 데 온 힘을 다하고자 한다.

융합문명사회를 위한 수행문화 정립

인류는 스스로 통제하기 힘든 사회로 진입하고 있다.

앞으로 인류사회는 AI가 모든 영역에서 인간을 압도하는 특이점 (Singularity) 시대를 맞이하게 될 것이다. 이런 시대에 인간의 정신 문화가 물질문명을 주도하는 방향으로 새롭게 전환되지 않으면, 인류는 도태되거나 크나큰 파국에 직면할 수도 있다.

만약에 양자물리학의 성과가 AI에 적용된다면, 인간의 삶은 AI에게 종속될 수도 있다.

최악의 경우, 소수의 세력이 AI를 이용해 절대다수의 인간을 통제하는 일도 가능하다. 이런 일을 방비하기 위해서는, 인간은 새롭게 깨어나야 한다. 이 점에서, 동서양의 모든 종교와 사상을 통섭하는 보편적인 수행문화가 필요하다.

수행을 통해 인문정신의 근원을 깨워야 한다.

수행은 말 그대로 심신의 행위를 닦는 것이다. 몸과 마음을 바로 해서 진실한 삶을 사는 것이 수행이다. 이 점에서, 에머슨은 진실한 수행자였다. 에머슨은 인간을 '퇴락한 신'이라고 정의했고, 진실한 사람은 '하나님'이 될 수 있다고 했다. 에머슨의 사상은 동학의 인내천(人乃天) 사상과 다르지 않다. 그리고 그 본질은 공자, 노자, 석가, 예수 등의 말씀과 같다.

나는 수행을 전문적으로 연구하게 된 인연이 있었다.

그 덕분에 피상적으로 알던 수행의 의미를 실질적으로 이해하게 됐다. 수행의 핵심은 성인(聖人)의 공통된 정신인 중도, 중용, 황금률이라고 표현할 수 있다. 나는 그것을 균형조율이라고 표현하고 있다. 현상의 흐름 속에서 균형은 일순간이고, 언제나 끊임없이 새로운 조율이 필요하기 때문이다. 끝없는 조율을 통한 혁신이 바로 수행의 방식이다. 이 세상은 끝없는 조율과 혁신의 과정에 있다.

그 과정에서 균형조율에 실패한 나라는 예외 없이 무너졌다.

서양의 과학이 첨단으로 발전한 데도 균형조율의 원리가 적용되었다. 예를 들어, 아인슈타인, 닐스 보어, 하이젠베르크 등과 같은 물리학자들은 서양과학의 한계를 극복할 수 있는 실마리를 동양 정신에서 찾았다. 덕분에 첨단과학이 서양에서 발전할 수 있었다. 특히 미국은 동서양이 융합된 인문정신에 바탕을 두고 첨단과학을 선도했다.

그러나 이제는 미국도 한계에 이르렀다.

서양의 방식이 한계에 이른 결정적 원인은 관념적인 방식으로 정신문화에 접근했기 때문이다. 서양의 인식체계는 정반합의 변증법적 사유를 기본으로 하고 있다. 그러나 양자물리학에서 확인된 현상세계의 불확정성은 합리적 논리를 초월한다. 논리의 한계를 넘어가는 데는 모순을 통섭하는 동양적 사유체계인 직관이 필요하다.

직관은 서양인보다 동양인에게 더욱 많이 잠재된 성향이다.

특히 우리는 단군의 후손으로서 높은 직관의 능력을 내재하고 있다. 그러나 불행히도 일제의 식민지 교육과 산업화 시대 서양 교육의 여파로 수행문화의 전통은 거의 사라졌다. 나는 수행을 연구하면서 에머슨의 방식을 활용해서, 서양의 물질적 사고와 동양의 정신적 사고를 통섭하는 방법을 찾을 수 있었다.

그것은 보편정신문화의 조율이자 융합입니다.

다행히 성인(聖人)들은 정신을 깨우는 원리와 방법에 관해 다양한 측면에서 말씀했다. AI를 활용한다면, 인류의 모든 정신문화를 관통하는 보편 도리를 빠르게 도출해낼 수 있다. 보편 도리를 바탕으로 보편적 수행문화를 만들 수 있다.

보편성을 토대로 개인, 지역, 사회 등의 특성에 맞는 다양성을 끌어낼 수 있다. 다양성과 통일성의 공존이 단순히 관념 차원이 아닌 현실에서 구현될 때, 인류는 AI의 위기에서 벗어날 수 있다. AI 시대에 수행은 선택이 아닌 필수적 생존조건이다. 수행문화를 통해 인간에게 닥친 문제들을 해결할 수 있다.

첫째, 수행은 인간의 존엄성 회복에 이바지한다.

AI가 발전할수록 인간은 상대적으로 존재의 가벼움을 느끼고 있다. 존엄한 삶의 기반은 인간의 자유로운 의식과 역동적인 생명력에 있다. 인간의 자유 의식이 없는 삶은 프로그램화된 기계와 다를 것이 없다.

수행을 모르는 인간은 AI가 지시하는 대로 살다가 갈 수도 있다. 수행은 물질적 삶에 자연의 생기(生氣)를 부여하는 일이다. 각 개인에게는 독특한 생명력이 있다. 자신에게 부여된 생명력의 인연을 통해 영원불멸한 본성, 본심을 찾아가는 것이 인간의 숙명이다.

둘째, 수행문화를 통해 생태적 사회환경을 조성할 수 있다.

수행은 가장 최적화된 삶을 추구하므로, 물질의 남용과 오용이 없다. 절제된 삶은 가장 이상적인 생태적 환경을 구성하는 기본요건이다. 남는 여력을 개인의 정신개발과 인류사회의 평화와 발전에 쓴다면, 지상에서 홍익사회(弘益社會)를 건설할 수도 있다.

셋째, 수행문화가 보편화하면, 모든 갈등의 근원인 양극화의 문제를 해결할 수 있다.

사실 양극성은 현상세계를 이루는 기본 특성이다. 생명 현상의 대립에서 발생하는 모순이 한편으로는 갈등을 유발하지만, 그 모순을 극복하는 과정에서 발전적 변화가 일어난다. 따라서 AI의 발전으로 인해 극명하게 대립하는 사회의 모순을 역으로 인류사회를 바로 잡는 계기로 삼아야겠다.

수행의 측면에서도, 양극적 삶의 모순은 오히려 축복이다. 모순이 자아내는 고통이 깨닫고자 하는 마음을 일으키고, 번뇌가 지혜의 자양분이 되기 때문이다. 모순과 갈등을 수행문화로 조율하면, 사회에 역동적인 조화와 평화가 찾아온다.

넷째, 수행문화로 우리 농촌 지역에 활기를 불어넣을 수 있다.

우리나라는 예로부터 금수강산으로 토양과 물이 좋습니다. 따라서 약용 동식물이 자라기 좋은 환경조건을 이루고 있습니다. 수행하기에도 더할 나위 없이 좋은 환경이다. 농촌 지역의 공동화로 인해, 생태적 환경을 갖춘 수행과 건강을 융합한 공동체를 새롭게 조성하기가 더욱 쉬워졌다.

수행문화와 관련한 시스템을 자연의 생기가 살아있는 전원 지역에 보급하면, AI 문명을 대비하는 기업인, 과학자뿐만 아니라 존엄하게 삶을 영위하고 싶은 사람들이 국내뿐만 아니라 전 세계에서 찾아올 것이다. 이렇게 되면, 농촌 지역의 공동화 문제는 자연스럽게 해결된다.

다섯째, 수행문화로 나라의 미래를 결정하는 교육의 내실을 다질 수 있다.

수행을 통해 물질과 정신을 융합하는 상상력을 함양한 인재들은 물질적 한계에 갇힌 인재보다 월등한 생산성을 창출할 수 있다. 교육혁신을 통한 인적 자원의 질적 향상으로 인구문제를 근본적으로 해결할 수 있다. 단순한 출산장려 정책은 실패할 수밖에 없다.

그리고 마지막 여섯째, 바른 정신을 함양하는 수행문화를 통해 풍속을 정화할 수 있다.

모든 사회의 무질서는 도덕과 풍속의 어지러움에서 비롯된다. 대제국의 멸망도 근원을 보면 풍속의 타락에 있다는 것을 동서고금의 역사를 통해 알 수 있다. 풍속은 교육뿐만 아니라 정치, 경제, 종교, 문화 등에 막대한 영향을 끼친다. 수행문화로 정신문화를 바로 세우면, 풍속은 깨끗해진다. 그 결과, 부조리한 병폐나 현상들이 사라지고 바른 도리가 영역에 자리 잡게 된다.

수행문화는 앞으로 보편적인 정신문화를 구현화는 데 중심역할을 할 것이다. 인간의 정신은 우리가 상상하는 것보다 무한한 가능성을 지니고 있다. 에머슨이 인간을 신적 존재로 생각했듯이, 이제 AI 문명은 필연적으로 신의 능력을 지닌 신인(神人)이자 인간 보살의 시대를 열고 있다.

수행을 통해 인간의 영적 능력을 깨우고, 인류가 직면한 문제들을 해결하자.

AI 시대의 생존전략, 수행

존엄한 삶의 도리 추구와 건강혁명

발행일 | 2026년 3월 5일
지은이 | 서동석
펴낸곳 | 에머슨하우스 교육연구소
표지 그림 | 임경숙
편집/디자인 | 정종호
인쇄/제작 | HS미디어

에머슨하우스 교육연구소
주소 | 03012 서울시 종로구 진흥로 432, 요진오피스텔 513호(구기동)
전화 | 02-395-8806
팩스 | 02-395-8068
E-mail | eastosuh@daum.net

신고번호 | 제 2021-000149호
ISBN | 979-11-977263-9-2